rowohlts monographien
begründet von Kurt Kusenberg
herausgegeben von
Beate Kusenberg und Klaus Schröter

Wilhelm Reich

mit Selbstzeugnissen
und Bilddokumenten
dargestellt von
Bernd A. Laska

rororo bildmonographien

Rowohlt

Dieser Band wurde eigens für «rowohlts monographien» geschrieben
Den Anhang besorgte der Autor
Herausgeber: Kurt und Beate Kusenberg
Assistenz: Erika Ahlers
Umschlagentwurf: Werner Rebhuhn
Vorderseite: Wilhelm Reich. Fotografie aus dem Jahre 1947
Rückseite: «Das Kind der Zukunft», Poster. Aus der W. Reich gewidmeten Sondernummer der Zeitschrift «Sexpol»

Veröffentlicht im Rowohlt Taschenbuch Verlag GmbH,
Reinbek bei Hamburg, September 1981

Satz Times (Linotron 404)
Gesamtherstellung Clausen & Bosse, Leck
Printed in Germany
980-ISBN 3 499 50298 4

14.–16. Tausend August 1985

Inhalt

Wilhelm Reich, 1932

Einleitung

Der Text der vorliegenden Monographie über Wilhelm Reich ist außerordentlich kompakt und gibt dennoch nur einen sehr groben Abriß seines Lebens. Die Vielfalt und Komplexität seiner Arbeiten auf sehr unterschiedlichen Gebieten – Orgasmusfunktion, Charakteranalyse und Vegetotherapie; Massenpsychologie und Soziologie; Physiologie, Psychosomatik, Bion- und Krebsforschung; Orgonphysik – erlaubte nur in sehr geringem Maße, auf theoretische und empirische Details einzugehen. Doch gerade die klinischen und experimentellen Erfahrungen Reichs, auf die jeweils nur verwiesen werden konnte, sind entscheidend für die Beurteilung des Werkes eines Mannes, der sich stets als Naturwissenschaftler – allerdings nicht im konventionellen Sinn – verstanden hat, insbesondere weil die aus ihnen abgeleiteten Hauptthesen meist den auf dem jeweiligen Gebiet herrschenden wissenschaftlichen Meinungen widersprachen und dementsprechend zurückgewiesen oder ignoriert wurden; ein Zustand, der sich seither nicht geändert hat.

Leider sind jedoch eine Reihe von Reichs Schriften aus den vierziger und fünfziger Jahren, seit 1956 die Restbestände auf Anordnung eines amerikanischen Gerichts verbrannt wurden, noch immer nur sehr schwer zugänglich. Völlig unzugänglich sind zudem unveröffentlichte Manuskripte und Versuchsprotokolle in unbekanntem Umfang, die, ebenso wie private Aufzeichnungen und Briefe, auf Grund umstrittener Testamentsklauseln[1]* möglicherweise noch bis zum Jahre 2007 unter Verschluß bleiben werden.

Die bisher veröffentlichten Schriften Reichs sind aber eine durchaus genügende Grundlage, um sich ein eigenes Urteil über seine Theorien bilden zu können. Wer sich allerdings ernsthaft mit ihnen auseinandersetzt, befindet sich möglicherweise bald vor der Frage nach den Grenzen des gegenwärtigen Paradigmas der jeweils zuständigen Spezialwissenschaft, um einen heute geläufigen Ausdruck Thomas Kuhns zu gebrauchen. Er weiß dann aber auch, daß Reich auf Grund des ihm eigenen Vorgehens insbesondere bei den Bio- und Sozio-Wissenschaften stets fast automatisch auf «wunde Punkte» stieß. Er selbst schrieb dies seinem

* Die hochgestellten Ziffern verweisen auf die Anmerkungen S. 130f.

Festhalten an der zentralen Bedeutung der Sexualität zu, die einerseits zwar fundamentale Eigenschaft aller Lebewesen ist, andererseits aber einzig gerade dem Menschen seit dem «Sündenfall» enorme Schwierigkeiten bereitet hat. Insofern glaubte Reich, nicht nur die Grenzen der Paradigmata einzelner Wissenschaften, sondern den Gesamtrahmen eines seit Jahrtausenden bestehenden «Superparadigmas» überschritten zu haben.[2]

Bei der strukturellen und programmatischen Gestaltung des folgenden Textes wurde versucht, dieser Selbsteinschätzung Reichs wenigstens annähernd Rechnung zu tragen. Dabei gewinnt, obwohl meist vom Werk die Rede ist, durchaus auch die Person Reichs an Profil; denn sein Leben war in hohem Maße von seiner Arbeit geprägt. Um den Fluß der Darstellung nicht zu stören, wurden viele Ereignisse seines Privatlebens nur in der Zeittafel des Anhangs erwähnt. Aus dem gleichen Grund befinden sich auch Schilderungen der Persönlichkeit Reichs hauptsächlich unter den Zeugnissen. Diese getrennte Textanordnung bot sich an, gerade weil bei Reich Berufs- und Privatleben fast identisch waren.

Czernowitz, Hauptstadt der Bukowina

Kindheit und Jugend

Über Kindheit und Jugend Wilhelm Reichs ist bis heute nur wenig bekannt geworden. Hauptquelle für Angaben über diese Zeit ist die Biographie, die Reichs dritte Frau, Ilse Ollendorff, geschrieben hat.[3] Doch darin füllen die ersten beiden Dekaden seines Lebens gerade fünf Seiten, weil Reich, wie sie berichtet, nur selten über seine Jugendzeit erzählt habe. Möglicherweise war dies zurückzuführen auf seine Meinung von Biographik, besonders psychoanalytischer, für deren oft wildwüchsige Deutungen er kein Rohmaterial liefern wollte. So jedenfalls lesen sich die Passagen seines Testaments, die die Aufbewahrung dokumentarischer Unterlagen regeln sollen.

Wilhelm Reich wurde am 24. März 1897 in Dobzau, einem kleinen Ort im östlichen Teil Galiziens, geboren. Kurze Zeit nach seiner Geburt siedelte die Familie Reich in die Bukowina um, einen noch weiter östlich gelegenen Teil des österreichisch-ungarischen Kaiserreiches, der heute zur Sowjet-Union gehört. Reichs Vater Léon hatte dort, in der Nähe des Ortes Jurinetz, ein Gut erworben, auf dem neben Ackerbau hauptsächlich Rinderzucht betrieben wurde. Ein fester Vertrag über regelmäßige Fleischlieferungen an die deutsche Armee verhalf der Familie zu einem gewissen Wohlstand.

Auch sonst fühlten sich die Reichs stark mit Deutschland verbunden. Obwohl beide Eltern jüdischen Familien entstammten, hatten sie sich aus der Tradition gelöst und legten, als Assimilierte, sogar besonders großen Wert auf deutsche Kultur. In der Familie wurde nur deutsch gesprochen, und die Kinder – Wilhelm und sein um drei Jahre jüngerer Bruder Robert – durften weder mit den ukrainischen Bauernkindern der umliegenden Gehöfte noch mit den Kindern der traditionell-jüdischen Familien aus dem nahe gelegenen Ort spielen.

Die Assimilation der Familie Reich war jedoch nicht total. Die Eltern hatten sich zwar von der Religion ihrer Väter gelöst, waren aber nicht zum Christentum konvertiert. So bekamen Wilhelm und Robert keinerlei religiöse Erziehung im Sinne eines bestimmten Bekenntnisses. Obwohl die beiden Brüder mangels anderer Spielkameraden viel zusammen gewesen sind, ist über ihr Verhältnis zueinander wenig bekannt. Robert ist im Alter von 26 Jahren an Tuberkulose gestorben.

Der Vater
Léon Reich

Reich wurde auf den Besuch des Gymnasiums in Czernowitz durch private Hauslehrer vorbereitet. Er interessierte sich schon früh für die Naturwissenschaften, insbesondere für Biologie. Durch die Umgebung seiner Kindheit waren ihm, wie er später schrieb, die natürlichen Lebensfunktionen – die sexuellen eingeschlossen – von klein auf etwas Selbstverständliches gewesen; ein Umstand, den er für den Lauf seiner Lebensarbeit als wesentlich ansah.

Die unbeschwerte Kindheit Reichs nahm, als er zwölf Jahre alt war, ein jähes und dramatisches Ende. Seine Mutter beging Selbstmord, nachdem der Vater von ihrem geheimen Liebesverhältnis mit einem der Hauslehrer erfahren hatte. «Es scheint nach allem, was ich aus Gesprächen mit Reich, seiner Familie und einigen intimen Freunden entnehmen konnte, kein Zweifel daran zu bestehen, daß er ... ihr Liebesverhältnis ... seinem Vater verriet»[4], schreibt Ilse Ollendorff.

Wenn auch Reich offenbar nur spärliche Auskunft über dieses Ereignis gegeben hat, so sind doch einige Details dazu aus seiner ersten Veröffent-

Die Mutter Cecilia Reich, geb. Roniger

lichung zu erschließen, einer «Fallstudie», die weitgehend autobiographisch ist.[5] Obwohl hier nicht weiter darauf eingegangen werden kann, sei Reichs Vorstellung des «Patienten» zitiert: ... *Kind reicher Eltern, Ältester von vier Geschwistern, alle gesund und heute sämtlich in öffentlicher Stellung. Von seinem Vater war er sehr streng erzogen worden, mußte immer mehr leisten als die anderen, um den Ehrgeiz seines Vaters ... zu befriedigen, hing seit frühester Kindheit mit inniger Zärtlichkeit an der Mutter, die ihn oft vor tätlichen Ausschreitungen des Vaters schützte. Die Ehe der Eltern war insofern keine glückliche, als die Mutter unter seines Vaters Eifersucht «schrecklich zu leiden» hatte ... Sexuell frühreif, schon mit fünf Jahren hatte es für ihn «keine Geheimnisse» gegeben, und auch körperlich stark, vollführte er mit 11½ Jahren mit dem Stubenmädchen, allerdings von ihr dazu bewogen, den ersten Koitus. Vom 14. bis 18. Lebensjahr Onanie-Periode, abwechselnd mit Gelegenheitskoitus, im 15. Lebensjahr erste Äußerungen ganz geringer Minderwertigkeitsgefühle.* Seit dem 21. Lebensjahr Verstärkung derselben mit Depressionszuständen ...[6]

Das einzig erhaltene Bild aus der Kindheit

Schon in jungen Jahren assistierte Reich seinem Vater bei dessen Tätigkeit. Später erinnerte er sich, wie Ilse Ollendorff schreibt, sehr gerne an diese Zeit, zum Beispiel an die stundenlangen Ritte durch duftende Kornfelder zur Erntezeit. Reiten blieb auch später noch eine seiner Lieblingsbeschäftigungen. Der Vater, der leidenschaftlicher Jäger war, brachte Reich auch früh bei, wie man mit einem Gewehr umgeht. Doch obwohl er auch im Alter noch Freude am Scheibenschießen hatte, lehnte Reich die Jagd als Sport, ebenso wie das Fischen, stets entschieden ab.

Daß Reich bis ins Pubertätsalter wenig Umgang mit Gleichaltrigen hatte, somit auch Gruppendruck und damit verbundenen Konformitätszwängen nur in geringem Maße ausgesetzt war, gab ihm wohl die außergewöhnliche Selbstsicherheit und Standfestigkeit, ohne die er seine späteren kontroversen Arbeiten nicht mit solcher Konsequenz hätte verfolgen können. Ein weiteres Ereignis hat in dieser Hinsicht noch eine verstärkende Wirkung gehabt: Als sein Vater 1914 an Tuberkulose gestorben war, mußte der siebzehnjährige Wilhelm die Leitung des Reichschen Gutes übernehmen. Gleichzeitig jedoch besuchte er weiterhin das Gymnasium in Czernowitz und bestand dort ein Jahr später die Reifeprüfung «mit Stimmeneinhelligkeit».

Inzwischen hatte der Erste Weltkrieg bereits begonnen. Umkämpft war auch Reichs Heimat, die Bukowina. Reich mußte 1915 das Gut verlassen und zur Armee einrücken, wo er die meiste Zeit als Leutnant an der italienischen Front im Einsatz war. Auf das Gut der Familie konnte Reich nach dem verlorenen Krieg nicht mehr zurückkehren, da es jetzt auf russischem bzw. sowjetischem Territorium lag.

Es scheint nicht zuzutreffen, daß Reich, wie Ilse Ollendorff meint, «seine militärische Zeit genossen hat»[7]. Er machte jedoch schon Erfahrungen, die in seine spätere Arbeit mit eingeflossen sind, vielleicht auch seine Berufswahl entschieden haben: *Jeder, der den Krieg mitgemacht hat, weiß, welche Rolle die beiden Attribute verbildeter Genitalität, die anale Zote und das anale Schimpfwort, im Kasino, in der Kaserne, auf dem Exerzierplatz und in der Offiziersmesse spielen. Gespräche über Huren und*

Landschaftsbild aus der Bukowina

Reich als Leutnant der österreichischen Armee, 1917

Koitus bildeten fast ausschließlich das Thema der Unterhaltungen ... Reich fiel auf, *daß diejenigen, welche starke heterosexuelle Bindungen oder vollwertige Sublimierungen aufweisen, den Krieg ablehnten; dagegen waren diejenigen die brutalsten Draufgänger, die das Weib als Klosett betrachteten und latent oder manifest homosexuell waren. Auch der sadistische Psychopath und der dissoziale Charakter bewährten sich gut im Sinne der Kriegsideologie ... Die Brutalität des Weltkrieges (und vielleicht er selbst) wäre unmöglich gewesen, hätte nicht das Machtbedürfnis einiger weniger Führer den Anschluß an die latente Grausamkeit des Einzelnen gefunden.*[8]

Studium in Wien

Als Reich aus dem Kriegsdienst entlassen wurde, war er heimat- und mittellos; nicht einmal Zivilkleidung konnte er sich anfangs leisten. Mit seinem Bruder und einem Freund bezog er eine ärmliche Studentenbude in Wien und begann im Wintersemester 1918/19 mit dem Studium. Der Bruder Robert war zu jung für den Kriegsdienst gewesen, hatte die Kriegszeit in Wien verbracht und sorgte nun, im ersten Semester, für den Lebensunterhalt beider. Vom zweiten Semester an erhielt sich Wilhelm selbst, indem er jüngeren Studenten den gerade erlernten Stoff einpaukte.

Ausgehungert von vierjährigem Nichtstun im Ersten Weltkrieg und begabt mit der Fähigkeit, rasch, gründlich und systematisch zu studieren, stürzte ich mich auf alles Wissenswerte, das mir in den Weg kam. Ich saß nicht viel in Kaffeehäusern und Privatgesellschaften herum, verbrachte meine Zeit auch nicht mit Studentenbummel und Schlägereien.[9] Zunächst hatte sich Reich für ein Jurastudium eingeschrieben, jedoch sehr bald erkannt, *daß die antisozialen Handlungen der Menschen nicht als Verbrechen, sondern als Krankheiten anzusehen, daß sie also nicht zu bestrafen, sondern zu heilen und vorzubeugen sind.*[10] So wechselte er noch während des ersten Semesters zur medizinischen Fakultät.

Reichs areligiöse Erziehung, seine naturnahe Kindheit, seine ungewöhnlichen sexuellen Erfahrungen und seine schon erprobte Lebenstüchtigkeit, aber auch seine tragische Rolle beim Selbstmord seiner Mutter, hatten ihn zu einem recht untypischen Studenten gemacht. Im Gegensatz zu vielen Akademikern, die erst nach langer Schul- und Studienzeit theoriebeladen «ins Leben» entlassen werden, begab sich Reich mit einer gehörigen Portion Lebenserfahrung in die Welt der Theorien. *Sicher ist, daß ich durch ein erfahrungsreiches und kräftiges Vorleben befähigt war, Tatsachen, Forschungseigenheiten und Resultate wahrzunehmen und zu vertreten, die anderen verschlossen blieben.*[11]

An philosophischen Einflüssen in diesen Jahren ist an erster Stelle Friedrich Nietzsche zu nennen, «dessen Ahnungen und Einsichten», mit den Worten Freuds, «sich oft in der erstaunlichsten Weise mit den mühsamen Ergebnissen der Psychoanalyse decken»[12]. Sein «Zarathustra» gehörte zu Reichs «zehn Büchern». Ein anderes Buch, das Reich zeitlebens

Friedrich Albert Lange

Friedrich Nietzsche

sehr schätzte, war Friedrich Albert Langes «Geschichte des Materialismus», das, 1866 erstmals erschienen, schon ein Konzept einer naturwissenschaftlichen Psychologie enthält. Henri Bergson, damals mit Einstein und Freud zu den «drei größten Juden» zählend, war ein weiterer, entscheidender Einfluß: *Ich fühlte instinktiv die Korrektheit seiner Anstrengungen, sowohl den mechanischen Materialismus wie den Finalismus abzulehnen ... Meine heutige Theorie* (1941) *von der psychophysischen Identität und Ganzheit hat ihren Ursprung in Bergsons Gedanken ...*[13] Zu nennen wäre weiterhin Henrik Ibsen, dessen individual-anarchistischen Anschauungen der junge Reich sehr nahe stand: *Ibsen war ein geistiger Revolutionär ... und als solcher sah er das Heil eben nicht allein in der materiellen Umwälzung. Er strebte der Bewußtheit zu, der Persönlichkeit, der geistigen Einheit im Sinne Stirners ... Durch Staatsumwälzungen werden nach seiner Ansicht nur einzelne Freiheiten, nicht die Freiheit gewonnen. Nur diejenige Revolution billigt er, die den Staat ganz beseitigt.*[14] Nietzsches Übermensch, Ibsens souveränes Individuum und Stirners Eigner seiner selbst waren die geistesgeschichtlichen Wurzeln, aus denen später Reichs «genitaler Charakter» erwachsen sollte.

Der bei weitem stärkste Einfluß auf Reich, bestimmend für sein ganzes weiteres Leben, ging jedoch von Sigmund Freud aus. Dieser hatte, im Gegensatz zu den Philosophen, eine ausbaufähige praktische Methode entwickelt, um Sachverhalte wissenschaftlich zu erforschen, die zuvor nur der Spekulation zugänglich zu sein schienen.

Reichs erste Begegnung mit Freud fand statt, als Reich Literatur für das «Studentenseminar für Sexuologie» besorgte. Diese private Arbeitsgruppe aus anfangs acht Medizinstudenten hatte sich im Januar 1919 gebildet, weil damals – nicht unähnlich den Verhältnissen heute übrigens – Sexualwissenschaft im Curriculum nicht vorgesehen war. Anfangs war Reich ein eher passiver Teilnehmer an den Arbeitssitzungen gewesen. *Die Art, wie das Thema ... behandelt wurde, klang mir sonderbar, naturfremd. Ich spürte Ablehnung in mir ... Das Sexuelle hatte in diesen ersten Vorträgen etwas Bizarres, Fremdartiges an sich ... Es wurde vorgeschlagen, einen älteren Psychoanalytiker zu einer Vortragsserie über Sexualität einzuladen. Er sprach gut und interessant, doch die Art, wie er das Sexuelle behandelte, gefiel mir instinktiv nicht ...Irgendwie paßte der Vortragende nicht zum Thema ... Ich hatte das Geschlechtliche anders erlebt, als ich es damals vorgetragen bekam.*[15]

Doch Reich blieb nicht lange ein stiller Teilnehmer. Er hielt bald eine Reihe von Referaten, von denen einige sogar als Artikel in Fachzeitschriften erschienen. In diesem Zusammenhang befaßte er sich auch, zunächst nur theoretisch, mit der Psychoanalyse. *Ich interpretierte Freud so: Es ist vollkommen logisch, daß der Trieb selbst nicht bewußt sein kann, denn er ist dasjenige, was uns regiert und beherrscht ... So wie die Elektrizi-*

Henri Bergson

Henrik Ibsen

Die Wiener Universität Anfang des 20. Jahrhunderts

tät meßbar wird durch ihre Energieäußerungen, so sind die Triebe nur durch Affektäußerungen erkennbar. Die «Libido» Freuds, so faßte ich zusammen, ist n i c h t d a s s e l b e wie die «Libido» der vorfreudschen Forschung. Diese meint das bewußte Sexualverlangen, das man spürt. Freuds «Libido» ist und kann nichts anderes sein als die Energie des Sexualtriebes ... Ich gebrauchte das Gleichnis der Elektrizität und ihrer Energie völlig unbewußt, ohne zu ahnen, daß ich sechzehn Jahre später das Glück haben würde, die Identität von bioelektrischer und sexueller Energie nachzuweisen.[16] Im Seminar nahm man Reichs Arbeit, insbesondere seine Freud-Interpretation, gut auf und wählte ihn im Herbst 1919 zum Leiter. *In dieser Funktion lernte ich, Ordnung in wissenschaftliche Arbeit zu bringen. Es wurden Gruppen von Kollegen zum Studium der verschiedenen Zweige der Sexuologie gebildet ... Ich lernte viel in einem Kursus über die Anatomie und Physiologie der Sexualorgane, den ich ... aus verschiedenen Lehrbüchern zusammengestellt hatte. Die Sexualorgane wurden bloß als Diener der Fortpflanzung dargelegt. Das fiel gar nicht weiter auf.*[17]

Die wenigen Studenten, die so ihre Ausbildung selbst zu vervollständigen suchten, galten als etwas skurril. Reich berichtet von einem Professor, den er wegen eines Versammlungsraumes aufsuchte: *Hayek fragte mich in sonderbarem Ton, ob wir auch «praktische Sexuologie» betreiben wollten. Ich beruhigte ihn.*[18] Freud, der nicht an der Universität las, war eine große Ausnahme. *Man muß die ... Atmosphäre in der Sexuologie und Psychiatrie vor Freud kennen, um die Begeisterung und Erleichterung zu begreifen, die mich erfaßte, als ich ihm begegnete. Freud hatte eine Straße zum klinischen Verständnis der Sexualität gebahnt.*[19]

Schon zu dieser Zeit machte sich eine Eigenschaft Reichs bemerkbar, von der Ilse Ollendorff schreibt, daß sie in all ihren Gesprächen mit Freunden und Gegnern immer an erster Stelle genannt wurde: «... seine große Vitalität, sein Elan, seine Energie, seine fast überwältigende Kraft.»[20] Neben dem Medizinstudium erwarb er sich *ebenso vielseitige Kenntnisse in der Sexuologie und Psychologie wie in Naturwissenschaft und Naturphilosophie. Das klingt unbescheiden. Doch Bescheidenheit an falscher Stelle ist keine Tugend.*[21] Eine weitere Aktivität Reichs dieser Zeit war die Musik. Als Kind hatte er Klavierstunden gehabt und Cello

Sigmund Freud. Aquatintazeichnung von Hermann Struck, 1914

gespielt. Jetzt wurde er Mitglied des Schönberg-Vereins. Sein Leben lang hat Reich gern Klavier, in seinen späteren Jahren auch Orgel gespielt.

Als Kriegsteilnehmer brauchte er die sechs Jahre eines regulären Medizinstudiums nicht «abzusitzen». Nach der Mindeststudienzeit von vier Jahren bestand er die Rigorosa in fast allen Fächern «mit Auszeichnung» und promovierte 1922 zum Doktor der Medizin. Eine akademische Karriere jedoch schien er schon beizeiten abgeschrieben zu haben: bereits im Oktober 1920 war er Mitglied der Wiener Psychoanalytischen Vereinigung geworden.

Wilhelm Reich, um 1921

In der Wiener Psychoanalytischen Gesellschaft

Um Literatur für das sexuologische Seminar zu beschaffen, hatte Reich außer Freud noch andere Professoren, so Kammerer und Steinach, sowie die Freud-Abtrünnigen Alfred Adler und Wilhelm Stekel aufgesucht. *Den entschieden stärksten und dauerhaftesten Eindruck machte Freuds Persönlichkeit ... Freud war anders, vor allem einfach im Auftreten. Die anderen spielten im Gehaben irgendeine Rolle, den Professor, den großen Menschenkenner, den distinguierten Wissenschaftler. Freud sprach mit mir wie ein ganz gewöhnlicher Mensch ... Ich war ängstlich gekommen und ging froh und glücklich weg.*[22]

Aber nicht nur als Mensch begeisterte ihn Freud, sondern auch als Theoretiker. Die Psychoanalyse war damals noch vielen Angriffen ausgesetzt, die, sofern sie von seiten der Wissenschaft kamen, meist auf eine Frage hinausliefen, die noch heute umstritten ist oder einfach nicht mehr gestellt wird: *Kann es überhaupt eine naturwissenschaftliche Psychologie im strengen Sinne des Wortes geben? Kann die Psychoanalyse den Anspruch darauf erheben? ... Freud kümmerte sich um diese methodischen Fragen nicht und publizierte unbekümmert seine klinischen Beobachtungen. Er liebte philosophische Diskussionen nicht ... Wir aber wußten, daß wir zum ersten Mal in der Geschichte der Psychologie Naturwissenschaft betrieben.*[23] *Freud sagte: Den Trieb können wir eigentlich nicht fassen. Was wir erleben, sind nur Triebabkömmlinge: sexuelle Vorstellungen und Affekte. Der Trieb selbst ruht tief im biologischen Grunde des Organismus ... Wir spüren den Drang nach Entspannung, doch nicht den Trieb selbst. Dieser Gedanke war tief, blieb von den Freunden und Feinden der Psychoanalyse unverstanden, und bildete das naturwissenschaftliche Denkfundament, auf dem man sicher bauen konnte.*[24]

Eine genaue Definition dessen, was Reich unter «naturwissenschaftlich» verstand, kann hier vorab nicht gegeben werden, denn sie müßte Begriffe verwenden, die erst im Lichte Reichscher Erkenntnisse eine klare Bedeutung erhalten. Rational, holistisch, konsequent diesseitig, nichtmetaphysisch seien zur vorläufigen, groben Orientierung genannt. Nicht gemeint ist offensichtlich die Übernahme von Methoden und Prinzipien, die bei der Erforschung spezieller Aspekte des Naturgeschehens bisher verwendet wurden, nur weil sie dort erfolgreich waren. So sind Richtungen wie Psychophysik, Reflexologie oder experimentelle Psychologie, obwohl mit naturwissenschaftlichen Methoden arbeitend, im Sinne Reichs «nicht naturwissenschaftlich genug», weil sie Funktionen isoliert erforschen und sich nicht organisch in umfassendere Theorien einfügen.[25]

Wie Freud, so hielt auch Reich nicht viel von rein philosophischen Betrachtungen. Von den «wissenschaftlichen Weltanschauungen» seiner Zeit jedoch imponierten ihm zwei: der dialektische Materialismus und die Psychoanalyse; und er wunderte sich eine Zeitlang, warum diese, statt zwanglos zu fusionieren, sich bekämpften und gegenseitig die Wissenschaftlichkeit streitig machten. Große, aber uneingestandene Lücken im Wissen um die Funktionsweise des Menschen, gefüllt durch ideologische Versatzstücke, waren wohl der Hauptgrund dafür. Die Auswirkungen auf die Art der erlaubten wissenschaftlichen Fragestellungen, vor allem aber auf die politische Praxis, sollten verhängnisvoll werden. Am deutlichsten zeigte sich die Bindung der «wissenschaftlichen Weltanschauungen» an traditionelle Dogmen in ihren Ethiken. Hier klaffte – und daran hat sich bis heute nichts geändert – der «hiatus irrationalis» zwischen Sein und Sollen, wobei nur für das Sein die Wissenschaft zuständig ist, für das Sollen jedoch – der «freie Wille». Reichs Auffassung klingt sehr simpel: *Wenn ich feststellte, daß ein Jugendlicher wegen der geforderten Askese neurotisch und arbeitsgestört wird, so ist das «Wissenschaft». Daraus kann «abstrakt logisch» gefolgert werden, sowohl daß der Jugendliche weiter asketisch leben, wie auch, daß er die Askese aufgeben soll... es gibt wissenschaftliche Feststellungen, aus denen praktisch nur das eine und nie das andere folgt.*[26] Eine derartige Verknüpfung von Sein und Sollen besteht aber auch dann, wie erst später verständlich werden wird, wenn das Individuum «frei» entscheiden kann, was es «will». *Die babylonische Sprachenverwirrung war nichts, verglichen mit der Verwirrung, die den Begriff «Freiheit» beherrscht.*[27] *Kein anderes Wort ist so mißbraucht und so mißverstanden wie dieses*[28], schrieb Reich später.

Wenn je ein Konsensus über die Definition von «Gesundheit» erreicht werden sollte, so müßte darin vor allem jenem prinzipiellen Einwand Rechnung getragen werden, der schon heute oft erhoben wird: Wer entscheidet, ob *für mich* Gesundheit überhaupt wünschenswert ist? Genau diese und im Prinzip nur diese Auffassung von Freiheit, das heißt die «freie» Wahl des Leidens, die in der abendländischen Geschichte eine so dominierende Rolle spielt, bekämpfte Reich, indem er das (noch heute rätselhafte) Phänomen des Masochismus, hier nicht im engen Sinne der sexuellen Perversion verstanden, ins Zentrum seiner Aufmerksamkeit rückte. Bei dessen Erforschung hielt er sich zunächst strikt an Freuds Libidotheorie, die er als solidesten Teil der psychoanalytischen Lehre betrachtete.

Zum Schicksal der Libidotheorie

«Libido» hatte Freud die Energie genannt, die als Sexualtrieb wahrnehmbar ist (wobei daran erinnert sei, daß «sexuell» bei Freud – und Reich – ein umfassenderer Begriff als «genital» ist und alles Luststreben bezeichnet). Ihren Ursprung vermutete Freud in biochemischen Vorgängen im Körper, nur sie konnte das Bindeglied zwischen Psyche und Soma sein. «Das Lehrgebäude der Psychoanalyse ... ist in Wirklichkeit ein Überbau, der irgend einmal auf sein organisches Fundament aufgesetzt werden soll»[29], schrieb er 1917.

In seinen produktivsten Jahren, kurz vor der Jahrhundertwende, hatte Freud seine Neurosenlehre in libidotheoretischen Begriffen formuliert. Er unterschied damals zwischen Aktual- und Psychoneurosen. Aktualneurosen nannte er jene, die durch aktuelle Störungen des Sexuallebens, durch Libidostau, verursacht waren, deren Symptome auch bei Beseitigung dieser Störungen wieder schwanden. Als Psychoneurosen bezeichnete Freud solche Neurosen, bei denen er keine aktuelle Sexualstörung diagnostizieren konnte oder bei denen die Beseitigung einer aktuellen Sexualstörung kein Schwinden der Symptome bewirkte. Auch für die Psychoneurosen fand Freud eine sexuelle Ursache, doch lag diese in der Vergangenheit, meist in der frühen Kindheit des Patienten. Sie waren therapeutisch nur durch das Verfahren der Psychoanalyse zu beeinflussen.

Dem Ausbau dieses Verfahrens galten in der Folge die Bemühungen Freuds und der meisten seiner Mitarbeiter. Ein offenbares Problem geriet dabei ins Hintertreffen und wurde erst von Reich in Angriff genommen: *Woher bezogen sie* (die Psychoneurosen) *ihre Energie? Doch zweifellos aus dem «aktualneurotischen Kern» gestauter Sexualerregung.*[30] Dieses Problem führte Reich zur Entwicklung seiner Orgasmustheorie, die von der Psychoanalyse nie akzeptiert wurde; sie wird in einem gesonderten Kapitel behandelt.

Im Hauptstrom der psychoanalytischen Entwicklung wurde der energetische oder auch quantitative Faktor, die Rolle der sogenannten Libido-Ökonomie, bald völlig vernachlässigt. Freud selbst blieb sich dessen stets bewußt, im Gegensatz zu vielen seiner Schüler. 1915 führte er diesen Mangel auf die begrenzten Möglichkeiten seiner Methode zurück.[31] 1917 nannte er den ökonomischen Faktor «eines der wichtigsten, aber leider auch dunkelsten Gebiete der Psychoanalyse»[32]. 1920, im Entstehungsjahr der Theorie vom Todestrieb, schloß er: «Eine Fortführung der Libidotheorie ist ... vorläufig nur auf dem Wege der Spekulation möglich.»[33] Und noch 1937, in einer seiner letzten Arbeiten, stellte Freud fest, «daß wir ... zumeist versäumt haben, dem ökonomischen Gesichtspunkt in demselben Maße Rechnung zu tragen, wie dem dynamischen und dem topischen. Meine Entschuldigung ist also, daß ich an dieses Versäumnis mahne.»[34] Diese merkwürdige Sequenz von Aussagen Freuds über ein Versäumnis, das die ganze damals vierzigjährige Geschichte der Psychoanalyse überspannt, wird erst dann ihre volle Bedeutung enthüllen, wenn wir die Entwicklung Reichs bis zum Jahre 1937 verfolgt haben werden.

Probleme der Psychoanalyse um 1920

Wenn Freud um 1920 glaubte, die Libidotheorie sei vorerst nur noch spekulativ weiterzuführen, so meinte er damit auch, wie aus seiner Korrespondenz hervorgeht, daß die Psychoanalyse im Prinzip abgeschlossen sei. Die «Vorlesungen», eine zusammenfassende Darstellung, waren 1917 erschienen, und Freud, der einer Art Biorhythmus-Theorie seines früheren Freundes Fließ einigen Glauben schenkte, hatte den Februar 1918 als sein Todesdatum errechnet. Er sollte es noch um einundzwanzig Jahre überleben, sechzehn davon in qualvollem Kampf gegen seine Krebserkrankung. Über seine zukünftige literarische Tätigkeit schrieb er 1919, er habe sich «als Altenteil das Thema des Todes gewählt»[35]. Gedanken an den Tod hatten ihn zeitlebens stark beschäftigt, doch erst jetzt wollte er seinen Spekulationen Eingang in seine Schriften erlauben. Sicherlich hat er der Psychoanalyse damit großen Schaden zugefügt, obwohl er sich selbst, wie einige Bemerkungen in Briefen zeigen, über die Qualität seiner Spätwerke nichts vormachte. «Reichlich dunkel» seien große Teile von «Jenseits des Lustprinzips» (1920), in dem er das Konzept des Todestriebes einführt. «Die Kurve» sei seitdem «steil abwärts» gegangen, kommentierte er «Das Ich und das Es» (1923). Und auf den begeisterten Brief einer Schülerin zu «Die Zukunft einer Illusion» (1927) antwortete er ihr: «Dies ist mein schlechtestes Buch! ... Es ist kein Buch von Freud ... es ist das Buch eines alten Mannes! ...Außerdem ist Freud jetzt tot, und glauben Sie mir, der echte Freud war wirklich ein großer Mann.»[36]

Auf diese Einstellung Freuds, dessen dominante Stellung in der psychoanalytischen Bewegung unangefochten war, soll zunächst nicht näher eingegangen werden. Sie war jedenfalls kaum dazu geeignet, den desolaten Zustand zu bessern, in dem sich die Psychoanalyse befand, als Reich zu ihr stieß. Er erinnerte sich: *Es war beim Berliner Kongreß 1922 ... Es waren dort etwa 150 Leute. Freud, ich und ein paar andere standen beisammen. Freud machte eine ausladende Handbewegung und sagte: «Sehen Sie diese Menge hier? Was meinen Sie, wieviele davon analysieren können, wirklich analysieren?» Er hob fünf Finger.*[37] Freuds Resignation spornte den 40 Jahre jüngeren Reich eher an. *Die Arbeit am ersten Patienten ging sehr gut, wie immer bei Anfängern.*[38] Das war 1919 gewesen. *Ich hielt mich technisch genau an die Angaben der Freudschen Arbeiten ... Die Heilung, so hieß es in den Abhandlungen, erfolgt dadurch, daß der Trieb,* der verdrängt ist, bewußt gemacht und der Verurteilung durch das reife Ich zugänglich gemacht wird ... Ich habe in den ersten Jahren meiner psychoanalytischen Arbeit viele Symptome gebessert oder ganz beseitigt.[39] Doch gerade die Fälle, die sich einer Heilung entzogen, waren für Reich eine Herausforderung, zumal es sich nicht einmal mit Sicherheit sagen ließ, auf welchen Mechanismen die Heilung bei den Erfolgen im Einzelfall tatsächlich beruhte. *Ich ging oft zu den älteren Kollegen, um mir Rat zu holen. Es war spärlich, was sie sagten. «Analysieren Sie nur geduldig weiter!» hieß es, «es wird schon werden.» ... Ich ging zu Freud ... Analysieren, sagte er, bedeute vor allem, Geduld zu haben ... Andere Male ermunterte er mich zu kräftigem Eingreifen.*[40] War Freud selbst noch flexibel, so konnte sich Reich bei den meisten Kollegen, auch den erfahreneren, des Eindrucks nicht erwehren, daß sie Freuds Warnung vor therapeutischem Ehrgeiz nicht recht verstanden hatten. *Die Psychoanalytiker machten aus der Not eine Tugend ... Die «passive Technik» wäre die einzig wahre. Unter der Hand spaßten die Kollegen über ihre Schlafbedürftigkeit während der Behandlung ...*[41]

Obwohl Freud die Psychoanalyse weniger als Therapie, sondern «wegen ihres Wahrheitsgehalts» empfahl, war er es, der angesichts dieses Zustands eine Initiative ergriff. Auf dem Berliner Kongreß 1922 stellte er eine Preisaufgabe: Es sollte genauer untersucht werden, inwiefern die Theorie die Therapie fördert und umgekehrt eine bessere Therapietechnik klarere theoretische Formulierungen ermöglicht. *Diese theoretisch-technische Problemstellung durch Freud bestimmte meine klinische Arbeit in den folgenden fünf Jahren ... Auf der Rückreise von Berlin nach Wien regte ich jüngere Kollegen, die noch nicht Mitglieder waren, sich jedoch schon in der Technik zu üben begannen, an, ein «Technisches Seminar» zu gründen. Wir wollten Fälle systematisch studieren, um technisch auf die Höhe zu kommen.*[42]

Das Wiener Technische Seminar für Psychoanalyse

Das Technische Seminar, dessen Gründung Reich bei der nächsten Sitzung der Wiener Gruppe vorschlug, begann mit seiner Arbeit noch 1922. Die Leitung lag im ersten Jahr bei Eduard Hitschmann, im zweiten bei Hermann Nunberg, beide erfahrene Analytiker und etwa zwanzig Jahre älter als Reich und die übrigen Teilnehmer. 1924 wurde Reich zum Leiter gewählt und blieb in dieser Funktion, bis er 1930 nach Berlin ging. Freuds Problemstellung, an deren Lösung man im Seminar arbeiten wollte, ließ sich zu zwei Fragen umformulieren, die sich jedoch, wie bald erkannt wurde, nur im Verbund lösen lassen.

Die erste Frage war: Was bedeutet eigentlich «Heilung» bei der psychoanalytischen Kur? *Als geheilt pflegte man damals einen Kranken zu bezeichnen, wenn er sagte, daß es ihm besser ginge, oder wenn das Einzelsymptom, um dessentwillen er gekommen war, verschwand. Der psychoanalytische Begriff der Heilung war nicht definiert.*[43] Die Arbeit an diesem Problem führte zur Formulierung der Orgasmustheorie durch Reich.

Die zweite Frage war: Warum eigentlich gelingt die Heilung? Oder besser: Warum gelingt die Heilung oft *nicht*? Die Heilungsformel *lautete ursprünglich, das Symptom müßte verschwinden, wenn der unbewußte Sinn bewußt gemacht wäre. Nun sagte Freud: «Wir müssen korrigieren. Das Symptom kann, es muß nicht schwinden ...» Welche Bedingung führt vom «kann» zum «muß»? ... Niemand wußte die Antwort. Freuds Einschränkung seiner Symptomheilungsformel fiel nicht einmal sehr auf. Man deutete weiter Träume, Fehlhandlungen, Assoziationsketten der Kranken.*[44] *... Es gab hier und dort Besserungen, doch niemand wußte weshalb ... Die meisten Fälle versandeten nach zwei oder drei Jahren Behandlung.*[45] Es gab zudem Probleme mit jenen Patienten, die nicht assoziieren konnten, und schließlich das zunächst sehr merkwürdige Phänomen der sogenannten negativen therapeutischen Reaktion, bei der der Patient auf die Deutungen des Analytikers mit Verschlechterung seines Zustands reagierte. Etwa ein Jahrzehnt dauerte es, bis eine neuentwickelte Therapietechnik, Reichs Charakteranalyse, diese Probleme zugänglich machte.

Die Entwicklung von Orgasmustheorie und charakteranalytischer Therapie, die zeitlich parallel stattgefunden hat, war ein lebendiges Beispiel für die gegenseitige Stimulation von Theorie und Praxis. Die Fortsetzung dieses Prozesses führte Reich, nicht unerwartet, in den somatischen Bereich. Die nun Vegetotherapie genannte Technik (statt der Psyche wird das Vegetativum beeinflußt) ermöglichte ihm wiederum eine präzisere Formulierung der Orgasmustheorie; entwickelt wurde sie jedoch, weil mit der Charakteranalyse nicht in jedem Fall das in der Orgasmustheorie begründete Therapieziel erreicht werden konnte. *Die charakteranalytische Vegetotherapie von 1940 ist die Antwort auf die Fragestellung der Psychoanalyse von 1922.*[46]

Das Psychoanalytische Ambulatorium

Neben seiner Facharztausbildung, unter Wagner-Jauregg und Schilder, und der Tätigkeit im «Seminar», wo Fälle aus der Privatpraxis besprochen wurden, sammelte Reich in diesen Jahren Erfahrungen, die für die Psychoanalyse völlig neu waren: er arbeitete ab 1922 auch am Psychoanalytischen Ambulatorium für Mittellose. Freud hatte zwar dessen Einrichtung befürwortet, aber wohl mehr aus taktischen Erwägungen. Wissenschaftliche Erkenntnisse schien er von der Arbeit dort nicht zu erwarten, denn er empfahl, «das reine Gold der Psychoanalyse mit dem Kupfer der Suggestivbehandlung zu mischen»[47].

Die Psychoanalytiker teilten in ihrer großen Mehrzahl Freuds Abscheu vor dem «Gesindel»[48]. *Es gab die Auffassung, daß es bestimmte «schlechte Charaktere» gäbe, die sich für die analytische Behandlung nicht eigneten. Sie erforderte, hieß es, eine gewisse Höhe der seelischen Organisation im Kranken ... Die Arbeit war also recht eingeschränkt auf umschriebene neurotische Symptome bei intelligenten, zur Assoziation fähigen Menschen mit «korrekt entwickeltem» Charakter.*[49]

Für Reich hingegen wurde die Arbeit am Ambulatorium *eine Fundgrube von Einsichten in das Getriebe der Neurosen unbemittelter Menschen. Ich arbeitete dort vom ersten Tage an als erster Assistenzarzt, im ganzen acht Jahre ... Der Ansturm auf diese Einrichtung war so groß, daß wir uns nicht zu helfen wußten ... Jeder Psychoanalytiker verpflichtete sich, eine Gratisstunde täglich zur Verfügung zu stellen.*[50] Doch viele Analytiker zogen es bald vor, sich von dieser Pflicht freizukaufen. In einem Brief stellt Reich 1926 fest: *Fast niemand hat ein aktives Interesse am Ambulatorium.*[51]

«Hecht im Karpfenteich»

Zur Erleichterung der Einschätzung dessen, was in den nächsten Kapiteln folgt, seien noch einige Betrachtungen über die Situation vorausgeschickt, in der sich die Psychoanalyse – und Reich – damals befanden. Ohne Kenntnis wenigstens dieser Umstände erschiene Reich später bloß als Opfer einer banalen Intrige einiger psychoanalytischer Funktionäre.

Als Reich, der dreiundzwanzigjährige Medizinstudent, als ordentliches Mitglied in Freuds Kreis aufgenommen wurde, war das eine Ausnahme und eine große Auszeichnung. *Die psychoanalytische Vereinigung wirkte wie eine Gemeinde von Menschen, die geschlossen gegen eine Welt von Feinden kämpfen mußte. Es war schön. Man mußte Achtung vor solcher Wissenschaft haben. Ich war der einzige junge Mediziner unter lauter «Erwachsenen», meist um 10 bis 20 Jahre Älteren.*[52] Wie sehr Reich damals in seinem ersten Eindruck von Freud und seinen Schülern irrte, ist ihm erst Jahre später, Schritt für Schritt, klargeworden. Es stimmte zwar, daß Freud nach Veröffentlichung seiner Theorie über die sexuelle Ätiologie der Neurosen mehr als ein Jahrzehnt tapfer in totaler wissenschaftlicher Isolation ausgeharrt hatte, als «Lustlümmel aus der Berggasse» verspottet und diffamiert; aber es stimmt auch, daß die Befürchtungen, die man mit seiner Theorie verband (z. B. «Kulturbolschewismus»), auf einem grandiosen Mißverständnis beruhten, das auch heute noch weit verbreitet ist. Denn Freuds Programm war stets gewesen: «Wir befreien die Sexualität durch unsere Behandlung ... um ihre Unterdrückung möglich zu machen.»[53] Schon als siebenundzwanzigjähriger Mann hatte er an seine Verlobte geschrieben: «Diese Gewohnheit der beständigen Unterdrückung natürlicher Triebe gibt uns den Charakter der Verfeinerung.»[54] Fünfzig Jahre später schrieb er: «Es ist unsere beste Zukunftshoffnung, daß der Intellekt ... mit der Zeit die Diktatur im menschlichen Seelenleben erringen wird. Das Wesen der Vernunft bürgt dafür, daß sie dann nicht unterlassen wird, den menschlichen Gefühlsregungen ... die ihnen gebührende Stellung einzuräumen.»[55] Daß gerade Freud, der Meister der Selbstanalyse, von Vernunft als autonomer Entität spricht, deren Diktatur er wie die eines allguten Gottes oder Herrschers herbeisehnt, weist auf mehr als nur die ideologische Begrenztheit seiner Lehre. Moderne Vertreter solchen Vernunftkultes denken einen Schritt weiter: Sie sehen «den Menschen» als Stufe in der Evolution der Intelligenz im Kosmos, den zu «eliminieren» sie bereit wären, wenn er, nachdem er seine Mission als Erfinder der künstlichen Intelligenz erfüllt hat, deren weiterer Evolution im Wege stünde.[56] Bornierte Arroganz und Lebensfeindlichkeit fordern heute Aufopferung nicht mehr nur für die historische, sondern schon für die kosmische Vernunft (s. a. Freuds «Die Kultur geht vor!», S. 60).

Reich erkannte diese Haltung Freuds zunächst nicht. Er ließ sich von der Feindseligkeit der wissenschaftlichen und allgemeinen Öffentlichkeit darüber hinwegtäuschen, daß Freud im Grunde – trotz allen Scharfsinns und revolutionären Mutes – ein Exponent abendländischen Bürgertums war, der das tradierte Kulturideal auf jeden Fall bewahrt wissen wollte. Aber schließlich war Freud nicht nur bürgerlicher Kulturphilosoph, sondern, nach eigener Einschätzung, vor allem Naturwissenschaftler. Und als solcher hatte er Reich durchaus etwas zu bieten.

Wie schnell Reich sich in dem unübersichtlichen Theoriebestand der Psychoanalyse zurechtfand und zudem einen kritischen Instinkt für Unerledigtes und Problematisches entwickelte, bezeugen seine ersten Veröffentlichungen. Ein gutes Bild von Reichs damaliger Stellung im Kollegenkreis bekommt man auch aus den erst kürzlich veröffentlichten Protokollen von Isakower über die «Behandlungstechnischen Abende» der Jahre 1923 und 1924.[57] Als erstes fällt auf, daß Reich außer dem Protokollführer der einzige war, der an allen Abenden anwesend gewesen ist. Unter jenen, die «nie an diesen Sitzungen teilnahmen, d. h. sich nicht zu den praktizierenden Analytikern zählten oder kein Interesse an behandlungstechnischen Diskussionen hatten», findet man so prominente Leute wie Rank, Reik, Aichhorn, Sadger, Schilder und Anna Freud. Andere, wie Bernfeld, Felix Deutsch und Wälder, nahmen nur gelegentlich an den Sitzungen teil. Die Referate und Diskussionen wurden im wesentlichen von dem sechsundzwanzigjährigen Reich und den damals doppelt so alten

Analytikern Federn und Nunberg bestritten. Beeindruckend ist die Selbstsicherheit, mit der Reich schon damals die «Charakterneurose ohne greifbare umschriebene Symptome» in die Diskussion brachte und darauf bestand, vorerst nur von «Symptomfreiheit» und nicht von «Heilung» zu sprechen. Hans Lobner, Kustos am Sigmund-Freud-Haus in Wien, spricht in seinem Kommentar zu dem historischen Dokument von der Faszination, die vom «eifernden Scharfsinn Reichs» ausginge.

Diese recht zwiespältige Bemerkung bezieht sich offenbar auf den Ernst, mit dem Reich die Klärung von Fragen verfolgte, vor denen selbst Freud gerade zurückgewichen war, Fragen, die inzwischen unter einem Berg von Theorien begraben schienen. In der aktuellen Situation war das für den jungen Reich natürlich nicht so klar. Später schrieb er rückblikkend: *Ich ahnte nicht, daß es die Angst der Psychoanalytiker vor den sozialen Konsequenzen der Psychoanalyse war, die zu den bizarren Verhaltungsweisen in der Therapiefrage trieb.*[58] ... *Diejenigen Analytiker, die keine Praxis ausübten, und diejenigen, die die Sexualtheorie strukturell nicht begriffen, fingen an, die neue Ichlehre* (Freud, 1923) *anzuwenden ... Die Klinik verödete. Der Ernst der psychoanalytischen Mitteilungen verlor sich ... Die Atmosphäre «reinigte» sich! Sie reinigte sich langsam aber sicher von allen Errungenschaften, die Freuds Tat kennzeichneten ... Man sprach noch von Sexualität, aber man meinte sie nicht mehr ... Das Formale überwucherte den Inhalt.*[59]

Daß Reich diesen Verfallsprozeß der Psychoanalyse nicht mitgemacht hat, verdankte er – oder hieße es besser: verdanken wir? – vor allem seinem Werdegang, der ihn mit Eigenschaften versehen hatte, die unter Psychoanalytikern offenbar singulär waren, zumindest vereinigt in einer Person. Einige davon sind bereits deutlich geworden. Hinzu kam: *Ich glaube, ich war der einzige in der Gruppe, der einen Hintergrund in Biologie, Naturwissenschaft und Naturphilosophie hatte ... Das konnte man in den Diskussionen merken.*[60] An diese erinnerte er sich später: *Sie waren fürchterlich langweilig. Etwa 8 bis 10 Leute saßen herum ... Jeder hatte eine Meinung über dies oder jenes ... einer sagte dies, ein anderer das ... Als ich hinzu kam, geriet alles irgendwie in Bewegung ... Ich war wie ein Hecht im Karpfenteich.*[61]

Solche Worte mögen als unschicklich gelten, als niveaulos in einer wissenschaftlichen Auseinandersetzung. Als Reich sie 1952 in einem Interview für das Sigmund-Freud-Archiv äußerte, das übrigens nicht zur Veröffentlichung bestimmt war, hatte er jedoch eine Reihe übelster Erfahrungen hinter sich, die in groben Zügen noch geschildert werden. Zieht man zudem den Gegenstand der psychoanalytischen Wissenschaft in Betracht, so wird man zugeben, daß es inadäquat wäre, diese Äußerungen Reichs nach den Regeln einer Etikette zu beurteilen. Dies gilt insbesondere für die folgenden Aussagen, die unter diesen Aspekten durchaus als das gewertet werden können, als das sie ausdrücklich gemeint sind: als –

freilich subjektiver – Beitrag zur Aufhellung der Geschichte eines wissenschaftlichen Konfliktes, bei dem es – Reich war der festen Überzeugung – um nichts Geringeres ging als um ungelöste Grundprobleme von etwa fünf Jahrtausenden conditio humana; und – weitaus wichtiger – um aktuelle und praktische Fragen der Neurosenverhütung. Diese hatten inzwischen, es war das Jahr 1952 (also das Jahr 7 nach Hiroshima), die Dimensionen einer Überlebensfrage der Gattung angenommen. Dieser Kontext, hier im Vorgriff mitgeteilt, soll nur der Vorbereitung der nächsten Kapitel dienen, nicht einer (natürlich überflüssigen) Entschuldigung Reichs für sein Urteil über seine damaligen Kollegen: *Die meisten Psychoanalytiker waren Patienten gewesen, selbst sexuell gestört, und das hatte großen Einfluß.*[62] ... *Es ist für einen menschlichen Organismus, wie den eines Analytikers, unmöglich, jahrelang mit der menschlichen Struktur zu arbeiten ... , all das zu schlucken,, einzustecken, über sich ergießen zu lassen und es auch auszuhalten, wenn man nicht selbst völlig sauber, klar und orgastisch befriedigt ist ... Das traf für die Mehrzahl der Psychoanalytiker nicht zu.*[63] Das sei dann letztlich entscheidend gewesen für den weiteren Gang der Dinge.

Nimmt man alles zusammen: die Brisanz des sexuellen Themas für jeden Einzelnen und die Gesellschaft; die Ungewöhnlichkeit und methodische Schwierigkeit, es naturwissenschaftlich anzugehen; die Unmöglichkeit, es in der gewohnten Weise spezial-wissenschaftlich und unter Beibehaltung der Geist-Körper-Dichotomie zu bewältigen; die seit Urzeiten geahnten kulturerschütternden Implikationen; dann wird verständlich, was geschah, als ein außergewöhnlicher Mann wie Reich – unbeirrbar von der Seniorität der Kollegen und der Majorität ihrer Meinungen – naiv und unbekümmert sich anschickte, die Tür aufzustoßen, in die Freud als erster – aber wohl mehr aus Versehen – einen Fuß gesetzt hatte.

Die Funktion des Orgasmus

Reichs Orgasmustheorie

Die Krise der Psychoanalyse um 1920 hatte zwei Aspekte, die ihren einfachsten Ausdruck in den beiden grundsätzlichen, noch unbeantworteten Fragen fanden: Welche Prozesse führen zur Besserung und letztlich «Heilung»? und: Wie kann «Heilung» klar definiert werden? Obwohl beide Fragen offensichtlich eng miteinander verflochten sind, soll zunächst nur von Reichs Antwort auf die zweite berichtet werden. Erarbeitet wurde sie nicht nur aus Erfahrungen der Privatpraxis und der neurologisch-psychiatrischen Klinik; hinzu kamen eine langjährige, systematische Auswertung der vielfältigen Erfahrungen, die im Technischen Seminar zusammenflossen, sowie die neuartigen Erkenntnisse, die Reich durch seine Arbeit am Ambulatorium, an einer bisher unbekannten Patientengruppe also, gewinnen konnte.

Zunächst allerdings mußte Reich das schon damals recht uneinheitliche Konglomerat von psychoanalytischen Theoriebruchstücken aufarbeiten, was ihm jedoch sehr rasch gelang. Biologisch und sexuologisch orientiert, fand er einen Ansatzpunkt, den Freud im Laufe der Jahre immer mehr vernachlässigt und schließlich ganz abgeschrieben hatte. *Es ist ... nicht weiter verwunderlich, daß ich seine Theorie der «Aktualneurosen» ... weit sympathischer und naturwissenschaftlicher empfand als die «Deutung» des «Sinnes» der Symptome bei den «Psychoneurosen».*[64]

Doch nicht Sympathien oder theoretische Spekulationen über die «Energetik» des neurotischen Prozesses waren es, die Reich weiterhalfen, sondern die Praxis, in der es vorerst noch keine effektivere Methode gab als die Freudsche. Hauptsächlich noch aus den Jahren vor Begründung von Seminar und Ambulatorium stammten die Erfahrungen, die Reich veranlaßten, Ende 1923 in einem Vortrag vor Kollegen *eine nicht unwichtige Frage in den Vordergrund zu rücken: die Tatsache, daß sich unter meinen achtundzwanzig Fällen männlicher und vierzehn Fällen weiblicher Neurosen kein einziger findet, der nicht auch Impotenz oder Frigidität bzw. Abstinenz aufgewiesen hätte*[65]. Daraus hatte er die Hypothese abgeleitet, die Genitalstörung könne sich als wichtiges, vielleicht gar als das wichtigste Symptom jeder Neurose erweisen. Die Reaktion des Auditoriums überraschte Reich: *Als ich endete, herrschte eisige Stille im Raum.* Die

Hypothese wurde einhellig zurückgewiesen. *Zwei Analytiker behaupteten strikt, daß sie Haufen weiblicher Patienten «mit völlig gesundem Sexualleben» kannten. Sie schienen mir aufgeregter als es ihrer gewohnten wissenschaftlichen Reserviertheit entsprach.*[66] Die affektive Reaktion der Kollegen ließ Reich vermuten, er habe einen «wunden Punkt» berührt.

Der theoretische Hintergrund der Reichschen Hypothese war sehr einfach: Jede Psychoneurose habe, so schloß er auf grund der in all seinen Fällen festgestellten Genitalstörung, einen aktualneurotischen Kern. Dieser sorge, ökonomisch betrachtet, durch Libidostau für die Energie zur Speisung der Symptome. So roh und undifferenziert dieser erste Wurf von 1923 auch noch ist: die Schlüsselstellung, die Reich dem ökonomischen Faktor beimaß, erwies sich durch seine späteren Arbeiten als entscheidende Einsicht.

Schon bald nach dem erwähnten Vortrag bot sich Reich, durch die Arbeit im Technischen Seminar, ein etwas anderes Bild: *Unter hunderten Fällen ... gab es keine Frau, die nicht vaginal orgastisch gestört gewesen wäre. Unter den männlichen Kranken waren etwa 60–70% grob genital gestört.*[67] Dieser Befund schien seinen Kritikern recht zu geben, denn: *Sollte meine Annahme zutreffen, die Genitalstörung also die Energiequelle für die neurotischen Symptome bilden, dann durfte sich kein einziger Fall von Neurose bei intakter Genitalität finden ... Es blieb ein fraglicher Rest genital gesunder Männer, der alle Annahmen über die prognostische und therapeutische Rolle der Genitalität über den Haufen warf.*[68] Beobachtungen des therapeutischen Prozesses – wenn etwa nach Herstellung der sexuellen Befriedigungsfähigkeit spontan Symptomverlust eintrat – sprachen wiederum für Reichs ersten Ansatz. Andere Beobachtungen jedoch schienen dem zu widersprechen. Es war offensichtlich: zu viel war noch unverstanden, zu wenig entwickelt die therapeutische Technik.

Klinische und therapeutische Fragen lassen sich nie durch Nachdenken lösen. Sie beantworten sich von selbst im Gang der Bewältigung praktischer Aufgaben.[69] In diesem Geist ging Reich daran, die verwirrende Vielfalt des neurotischen Geschehens dem wissenschaftlichen Verständnis näher zu bringen. *Der Einwand, daß es genital gesunde Neurotiker haufenweise gäbe, veranlaßte mich, mir die «genitale Gesundheit» näher anzuschauen ... Es ist nicht glaubhaft, doch wahr, daß die genaue Analyse des genitalen Verhaltens jenseits der Worte wie «Ich habe mit einer Frau bzw. einem Mann geschlafen» in der Psychoanalyse streng verpönt ist. Je genauer meine Kranken das Verhalten und Erleben im Geschlechtsakt beschrieben, desto fester umriß sich die klinische Überzeugung, daß ausnahmslos alle schwer gestört sind.*[70] Gerade und sogar besonders traf dies auf erektiv sehr potente Männer zu: *Die genaue Analyse der Phantasien während des Aktes ergab meist sadistische oder eitle Einstellung ... Der Akt bedeutete ... Durchbohren, Bewältigen oder Erobern der Frau. Sie wollten ihre Potenz just beweisen oder wegen der erektiven Aus-*

1925

dauer bewundert werden ... doch sie erleben beim Samenerguß keine Lust, geringe Lust oder sogar das Gegenteil davon, Ekel und Unlust ... Diese «Potenz» ließ sich durch Aufdeckung der Motive leicht zerstören. Dahinter kamen schwere Störungen der Erektion und der Ejakulation zum Vorschein. Bei keinem dieser Fälle gab es auch nur eine Spur von Unwillkürlichkeit ... im Akt.[71]

Reich in Davos, 1927

Diese Entdeckung Reichs korrigierte zwar einen weitverbreiteten Irrtum über die Sexualfunktion des Mannes, war aber nur ein Schritt weiter auf dem langen Weg, den Reich noch vor sich hatte, um Ordnung in das Chaos zu bringen, als das sich die klinischen Beobachtungen dem Theoretiker darstellten. Entscheidend für den Erfolg Reichs wurde seine «naturwissenschaftliche» Orientierung: *Am Anfang ... hatte ich nur eine unbestätigte Überzeugung: Das menschliche emotionale Leben hat keinen übernatürlichen Ursprung. Es befindet sich im Rahmen der erforschbaren Natur. Es unterliegt, wie alles in der Natur, den Funktionsgesetzen von Materie und Energie.*[72] Jede der vielen Richtungen, in die sich die Psychoanalyse später aufsplitterte, glitt dagegen, so Reich, in irgendeine Metaphysik ab. In einem Interview sagte er 1952: *Wissen Sie, wer die Libidotheorie am Leben erhalten und weiterentwickelt hat? Ich betrachte mich als den einzigen ...*[73] Die anderen ziselierten weiter an dem «unfundierten Überbau» Freuds.

Als Reich 1927 auf Grund von klinischen Erfahrungen, die hier nicht nachzuzeichnen sind, als Indikator und Kriterium der erfolgten Heilung den Begriff der «orgastischen Potenz» einführte, war der Weg, der zu diesem therapeutischen Ziel führte, noch weitgehend unbekannt. Einzelne Fälle, an denen der Heilprozeß deutlich und detailliert beobachtbar gewesen war, stärkten Reichs Ansicht, daß es nur an der unzureichenden Technik lag, wenn in der Mehrzahl der Fälle eine Heilung nach diesem Kriterium nicht gelang. Diese Art der wechselseitigen, iterativen Verbesserung von Theorie und Praxis, die statistische Absicherung bewußt verschmäht, behielt Reich auch später bei, als er zum Pionier neuer, effektiverer Therapietechniken wurde. Parallel dazu konnten auch die Merkmale orgastischer Potenz bzw. Impotenz präziser gefaßt werden. 1927 hatte Reich so formuliert: *Unter orgastischer Potenz werden wir die Fähigkeit eines Menschen verstehen, zu einer Befriedigung zu gelangen, die der jeweiligen Libidostauung adäquat ist; ferner die Fähigkeit, weit häufiger zu dieser Befriedigung gelangen zu können, als den Störungen der Genitalität unterworfen zu sein, die auch beim relativ Gesündesten den Orgasmus gelegentlich stören.*[74]

Der Begriff der orgastischen Potenz ist also ein im Sinne psychoanalytischer Terminologie rein ökonomischer; nicht die Erfüllung einer äußerlich bestimmbaren Norm bezüglich Dauer, Häufigkeit oder Intensität ist Kriterium orgastischer Potenz, sondern einzig die Frage, ob wirkliche Endlust erreicht wird oder ob noch Quantitäten von Erregung unabgebaut zurückbleiben. Auf das Problem der Sublimierung von Libido und auf das häufige Mißverständnis, Reich habe mit der orgastischen Potenz eine willkürliche sexuelle Norm gesetzt, wird später eingegangen werden.

Die Funktion des Orgasmus ist also, «energetisch» formuliert, die (lustvolle) Entladung überschüssig generierter Libido. Der Libidostau bei reduzierter orgastischer Potenz bildet die energetische Grundlage zur Aufrechterhaltung neurotischer Symptome und, wie noch ausgeführt wird, charakterlicher Abwehrformationen (die selbst wiederum «Ursache» des Libidostaus sind). Mit der Orgasmustheorie hatte Reich Freuds Theorie an entscheidender Stelle ergänzt. *Freuds Formel der Heilung der Neurose ist korrekt, doch unvollständig. Erste Voraussetzung ist die Bewußtwerdung der verdrängten Sexualität. Doch dies allein heilt nicht; sie muß nicht, sie kann bloß heilen. Und sie heilt dann, wenn sie auch die Energiequelle der Neurose, die Sexualstauung, beseitigt, mit anderen Worten: wenn die Bewußtheit der Triebansprüche auch die Fähigkeit zur vollen orgastischen Befriedigung herstellt.*[75]

So holzschnittartig grob Reichs Konzept auch anfangs gewesen sein mag: es erfaßte das Wesentliche des neurotischen Prozesses. Aber noch 1942, nachdem Reich mit Charakteranalyse und Vegetotherapie der psychoanalytischen Technik schon weit vorausgeeilt war, schrieb er: *Nur langsam vorwärtstastend lernte ich Stück um Stück die Kennzeichen der orgastischen Impotenz kennen ... Ihre Erforschung blieb das klinische Zentralgebiet der Sexualökonomie* (so nannte Reich seine Lehre ab etwa 1930) *und ist noch lange nicht abgeschlossen. Sie spielt für die Sexualökonomie eine ähnliche Rolle wie der Ödipuskomplex für die Psychoanalyse.*[76]

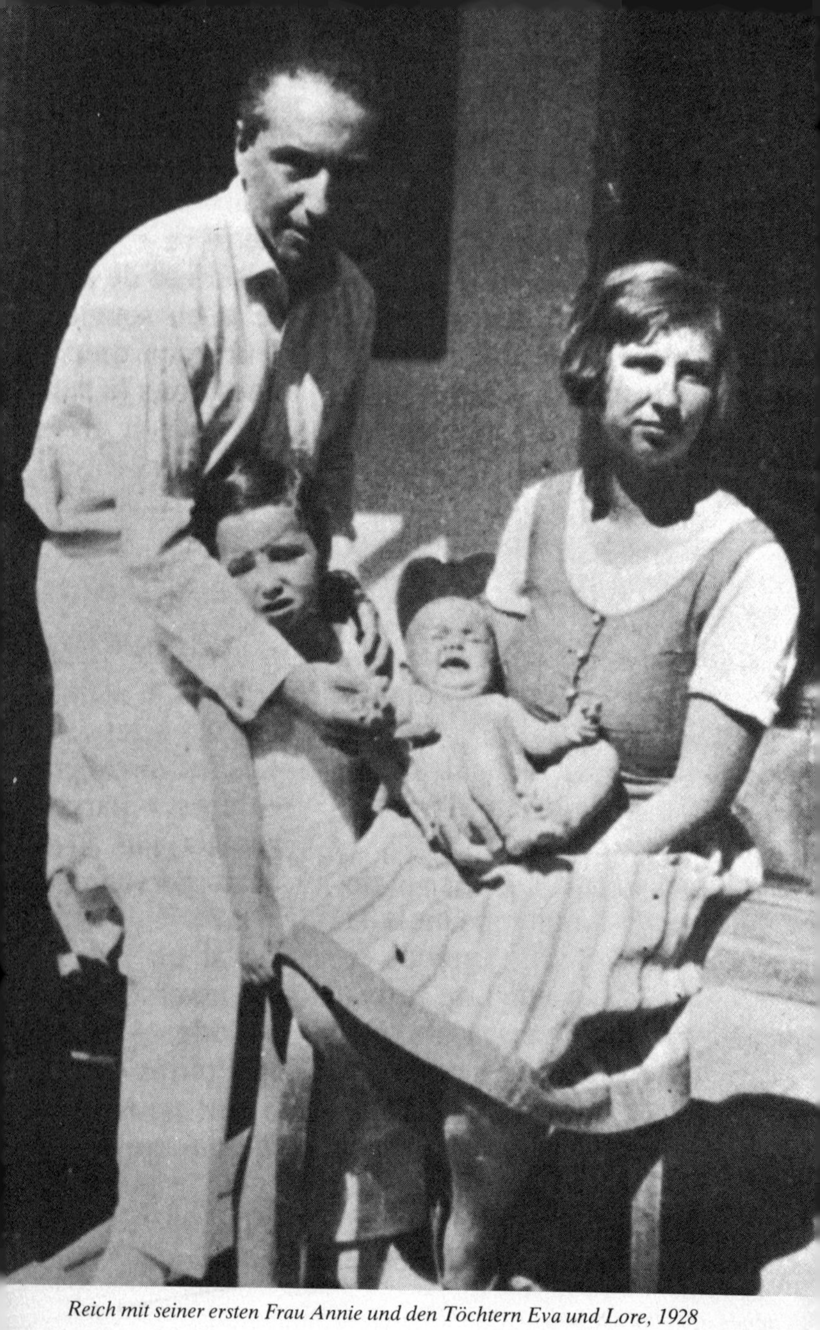

Reich mit seiner ersten Frau Annie und den Töchtern Eva und Lore, 1928

Eine Anekdote, die Myron Sharaf, ein amerikanischer Schüler Reichs, mitgeteilt hat, mag Reichs Auffassung zum Konzept der orgastischen Potenz, das er stets als Grundlage und Kernstück seines gesamten Werks bezeichnet hat, verdeutlichen: Es war im Jahre 1949, als Reich einer kleinen Gruppe medizinischer Orgontherapeuten, wie die Ärzte, die Reichs Technik anwandten, sich ab etwa 1942 nennen, eine Frage stellte. Er wollte wissen, wie viele von zehn Patienten, die sie behandelt hätten, das Therapieziel der orgastischen Potenz erreicht hätten. Einer der Ärzte nannte die Zahl sieben, ein anderer fünf, bis schließlich einer zugab, bei ihm seien es nur zwei. Darauf Reich: «Das ist doppelt so gut wie bei mir. Bei mir ist es nur einer von zehn.»[77]

Als Reichs Buch 1927 erschien, war seine Position innerhalb der psychoanalytischen Bewegung schon umstritten; sein Eindruck von der Reaktion auf seinen ersten Vortrag über «Genitalität» war nicht falsch gewesen. Das Buch wurde in der psychoanalytischen Zeitschrift erst 1930 besprochen[78], und zwar von Otto Fenichel, dem «Polyhistor der Psychoanalyse», der ein paar Jahre auf Reichs Seite gewesen ist. «Das für die psychoanalytische Forschung so bedeutungsvolle Thema ... hat merkwürdigerweise vor Reich nur sehr wenig Beachtung gefunden», stellte er fest. Tatsächlich wird zum Beispiel in den doch sehr ausführlichen Schriften Freuds das Thema Orgasmus – obwohl offensichtlich im psychophysischen Bereich angesiedelt und somit libidotheoretisch von zentraler Bedeutung – kaum erörtert, auch in seinen späten Schriften bleibt es peripher. Dem entsprach in der Theoriebildung die Formulierung der Todestriebhypothese und die Preisgabe der Libidotheorie, in deren Rahmen Freud folgende drei Probleme nicht hatte einordnen können.

Das erste Problem betraf die Vorgänge beim Aufbau und bei der Abfuhr sexueller Erregung. Die Antwort Reichs war die Theorie vom Orgasmus, auf deren phänomenologische Details hier nicht näher eingegangen werden kann.

Das zweite Problem hatte Freud 1905 so formuliert: «Es ist uns durchaus unaufgeklärt geblieben, woher die Sexualspannung rührt, die bei der Befriedigung erogener Zonen gleichzeitig mit der Lust entsteht, und welches das Wesen derselben ist.»[79] Das Problem blieb offen, weil die Psychoanalyse keinen prinzipiellen Unterschied zwischen prägenitaler (oraler, analer, muskulärer usw.) und genitaler Sexualität kennt. *Ich hatte dagegen gerade in der Orgasmusfunktion den qualitativen Grundunterschied zwischen Genitalität und Prägenitalität erkannt. Nur der genitale Apparat kann Orgasmus vermitteln und biologische Energie voll entladen.*[80] Bei der sogenannten Vorlust kann von der durch prägenitale Erregung (Schauen, Küssen usw.) aufgebauten Spannung jeweils nur weniger abgebaut werden als zuvor erzeugt wurde. Somit steigt die Summe der Spannung bei prägenitalen Aktivitäten stets an und kann endgültig nur durch den genitalen Orgasmus, bei orgastischer Potenz, entladen werden. Die komplizierteren Verhältnisse bei orgastischer Impotenz werden im nächsten Kapitel näher betrachtet.

Das dritte Problem der Psychoanalyse betraf die Theorie der Entstehung neurotischer Angst. Freuds Schrift «Hemmung, Symptom und Angst» war kurz nach Abschluß des Manuskripts von Reichs Orgasmus-Buch erschienen, so daß dieser darin nur in einer Fußnote Stellung nehmen konnte. *Dort war vieles von den ursprünglichen Formulierungen über die Aktualangst zurückgenommen ... Die Angst wäre ein Alarmsignal des Ichs bei Regung eines verpönten Triebes ebenso wie bei realer äußerer Gefahr. Eine Beziehung der Aktualangst zur neurotischen Angst ließe sich nicht herstellen ... Die Angst wäre nicht mehr als Folge der Sexualverdrängung, sondern als ihre eigentliche Ursache aufzufassen ... Die Anschauungen stimmten darin überein, daß die Angst in der Neurose Ursache der Sexualverdrängung ist. Ich hielt gleichzeitig daran fest, daß sie Folge der Sexualstauung wäre.*[81] Dieses komplexe Problem erwies sich als weitere Bewährungsprobe für Reichs «naturwissenschaftliches» Denken, das etwas so Fundamentales wie Angst nicht als bloßes «Signal des Ich» akzeptieren konnte. *Auch hier kamen ursprüngliche Formulierungen der Psychoanalyse zur Hilfe. Freud hatte gezeigt, daß die Angst in der Neurose einer Bindung zum Opfer fällt. Der Kranke erspart sich Angst, wenn er z. B. ein Zwangssymptom entwickelt. Stört man die Funktion des Zwanges, so entsteht sofort Angst. Doch nicht immer. Sehr viele Fälle ... waren irgendwie unzugänglich ... Sie waren «gepanzert» gegen jeden Angriff ... Es war der gesamte Charakter, der widerstand. Damit stand ich am Eingang zur Charakteranalyse. Die charakterliche Panzerung war offenbar der Mechanismus, der alle Energie band.*[82]

Die orgastische Potenz – eine Norm?

Auf den Einwand, er würde eine «absolute» Sexualität annehmen, ist Reich schon zu einer Zeit eingegangen, als er seine Theorie noch in den Kategorien des dialektischen Materialismus formulierte: *Auch die Triebe entstehen, verändern sich und vergehen. Die Zeiträume aber, in denen sich die biologischen Veränderungen abspielen, sind derart groß, diejenigen der gesellschaftlichen Prozesse dagegen derart klein relativ zu den biologischen, daß uns diese als absolute Gegebenheiten imponieren, jene dagegen als fließend, relativ.*[83]

Diese Sicht Reichs wird beispielsweise von den Vertretern der «Kritischen Theorie», die ebenfalls dialektischen Materialismus und Psychoanalyse zu kombinieren trachten, abgelehnt. Sie halten ihre Auffassung für überlegen, da sie vorgeblich «ihre eigenen Thesen in die Geschichte einbezieht wie die menschlichen Triebe selbst»[84], gelangen dann aber letztlich

1928 in Milstadt

nicht weiter als bis zu Adornos Satz: «Indem der Geheilte dem irren Ganzen sich anähnelt, wird er erst recht krank.»[85] Eine Kritik dieses Konzepts – an Hand der Fragen: Was heißt «irr»? Was heißt «krank»? – ist hier nicht beabsichtigt, der Theorie Reichs aber implizit. Zitiert wurde Adorno, weil er mit dieser Formulierung eine Auffassung von Psychoanalyse denunzieren wollte, die in dieser bloß eine Therapiemethode sieht, die Anpassung des Einzelnen an das bestehende Ganze zum Ziel hat. Doch diese Frontstellung ist weniger kraß, als es auf den ersten Blick scheint. Die Auffassung von «Krankheit» ist bei beiden Opponenten, beim Therapeuten und beim kritischen Theoretiker, zwar verschieden, hat aber doch eine gemeinsame soziologistische Wurzel. Krankheit und Gesundheit sind für beide je nach gesellschaftlichen Verhältnissen sehr variable Begriffe; und das stellt sie in eine Front gegen Reich. Dessen Konzept einer für hier interessierende Zeiträume als absolut betrachtbaren Gesundheit, deren wichtigstes Kennzeichen die orgastische Potenz ist, können sie nicht von historisch entstandenen oder willkürlich gesetzten Normen unterscheiden. Es erscheint ihnen als Ausdruck einer intoleranten Haltung des Therapeuten, der dem Patienten seine «Freiheit» nicht lassen will.

Das Problem «Toleranz/Intoleranz» ist so alt wie die Psychoanalyse und eng mit ihrer Methode verknüpft. Freud forderte vom Analytiker Gefühlskälte und Indifferenz, eine neutrale und nachsichtige Haltung gegenüber dem Patienten: «... das grobsinnliche Verlangen des Patienten ... ruft alle Toleranz auf, um es als natürliches Phänomen gelten zu lassen.»[86] Als Gegenkraft zur moralischen Wertung von Verhalten ist dieses Gebot sicher ein Stück weit hilfreich und erkenntnisfördernd. Doch die Funktion von Toleranz wandelt sich bald: sie wird zum Hemmnis sowohl der therapeutischen Bemühungen als auch der psychoanalytischen Erkenntnis an sich; sie erweist sich zudem oft als Blende, hinter der sich Oberflächlichkeit und Unfähigkeit, sogar Intoleranz des Therapeuten trefflich verbergen lassen.

Die Alternative «Toleranz oder Intoleranz», dem politischen Leben einer durch «Interessenkonflikte» zerspaltenen Gesellschaft entlehnt, erweist sich dort als ideologische Falle, geradezu als Zwickmühle für den Naturwissenschaftler, wo er den gesamten Menschen (psychosomatisch, vergesellschaftet; in diesem Sinn sah Reich das Neurosenproblem) betrachtet, nicht nur eine isolierte «psychische» Funktion oder «psychosoziale» Zusammenhänge ohne Rücksicht auf die Gesetzmäßigkeiten psychosomatischer Abläufe.

Reich geriet nicht in diese Zwickmühle. Er nahm das Freudsche Toleranzgebot in einem Sinne ernst, der zugleich den evasorischen Gebrauch bloßstellte, der mittlerweile in der Freudschule davon gemacht wurde: *Als Arzt trägt man dem Kampfe zwischen Triebansprüchen und sozialen Forderungen am besten Rechnung, wenn man sich im Sinne der Freudschen Therapie absolut tolerant verhält und dem Patienten die Entscheidung überläßt,* allerdings, und das ist entscheidend: *nachdem man ihm die Kenntnis seiner Wünsche und die Fähigkeit, sich zu entscheiden, verschafft hat.*[87] Als Indikator für solch autonomes Funktionieren, für die Fähigkeit zur «freien» Entscheidung, sah Reich die orgastische Potenz an, deren objektive Kriterien er später noch präzisierte. Die Formel, Freiheit sei Einsicht in die Notwendigkeit, bekam so einen konkreteren, über ihre rationalistische Enge hinausweisenden Inhalt.

Dem Normvorwurf versuchte Reich schon zu begegnen, als er sein Konzept der Genitalität das erste Mal vorstellte: *Und überdies kommt es ja gar nicht auf das «Aufdrängen» der genitalen Tendenz an, sondern es handelt sich um derart tiefgehende Analyse, daß sich das genitale Primat ... von selbst durchsetzt.*[88] Eine Beurteilung dieses grundsätzlichen Konflikts zwischen Reich und der Psychoanalyse wird durch die Betrachtung der weiteren Entwicklung, auf die noch eingegangen wird, erleichtert: Die Psychoanalyse blieb bis heute die alte «talking cure», während Reich bald nonverbale Techniken entwickelte und zu einer ganzheitlichen Auffassung des Krankheitsgeschehens gelangte.

Was Freud euphemistisch als «Buntheit der Lebenserscheinungen» (er vergaß hinzuzufügen: beim Menschen) bezeichnet hatte, sah Reich anders: *Die sogenannte individuelle Differenzierung der Menschen ist heute im wesentlichen ein Ausdruck überwuchernder, neurotischer Verhaltungsweisen.*[89] *Man mag der Individualität im Seelischen noch so breiten Spielraum lassen: wie es eine Physiologie des normalen Körpers gibt, obwohl nicht zwei Menschen körperlich gleich gebaut sind ... so gibt es auch im Seelischen eine zweckentsprechende Grundstruktur, die sich in einer bestimmten Triebkonstellation ausdrückt. Sie schließt die seelische Differenzierung keineswegs aus ... Damit erledigt sich der Einwand, daß man im Seelischen nicht «schematisieren», d. h. das Gemeinsame suchen dürfe. Pathologisch nennen wir nicht die Abweichung bei vorhandener normaler Grundstruktur, sondern nur die Verzerrung der Grundstruktur selbst.*[90]

Die Frage des Heilungskriteriums, so viel ahnt man schon jetzt, war und ist noch heute, sofern sie überhaupt noch gestellt wird, alles andere als eine reine akademische. Ihre Implikationen werden im weiteren Verlauf von Leben und Werk Reichs noch deutlich zutage treten.

Charakteranalyse

Die charakteranalytische Methode und Theorie, kurz auch: Charakteranalyse, war Reichs vorläufige Lösung des anderen, bereits genannten Problems: Warum gelingt Heilung oft? bzw.: Warum gelingt Heilung oft nicht? Konsequente Einbeziehung des ökonomischen Faktors hatte Reich auch theoretisch nahegelegt, die Libido des Neurotikers müsse außer in Symptomen noch in der Struktur gebunden sein, die man als Charakter bezeichnen könnte. Studien zu diesem Thema wurden auch von anderen angestellt. Freud hatte schon 1913 erwähnt, daß die Ausdrucksform, das «Wie» der Mitteilungen, von analytischer Bedeutung sei, diesen Ansatz aber nicht weiter verfolgt. Karl Abraham lieferte mehr phänomenologische Studien zum Charakterproblem. Franz Alexander separierte Symptomneurosen von Charakterneurosen. Ein einigermaßen klarer Begriff «Charakter» war nicht definiert.

Die wenigsten hielten die Wertung des («guten» oder «schlechten») Charakters von seiner naturwissenschaftlichen Erforschung sauber geschieden. Charakterologie und Ethik waren und sind noch heute fast identisch ... Ein «analer» Charakter zu sein, war peinlich, ein «oraler» Charakter weniger ... Man sagte zwar, die Wissenschaft hätte «objektiv» und «wertungsfrei» zu arbeiten, trotzdem war jeder Satz über charakterliches Verhalten ein Urteil; nicht etwa, was richtig gewesen wäre, ein Urteil über «gesund» oder «krank», sondern ein Urteil im Sinne von «gut» und «böse».[91] Reich, der Mitte der zwanziger Jahre bereits soziologische und biologische Gesichtspunkte in sein Konzept zu integrieren begann, war dadurch offenbar besser als seine Kollegen gerüstet, diese ideologischen Fallstrikke zu meiden und einen Ausweg aus der «therapeutischen Misere» zu finden.

Die therapeutische Misere

«Woher kommt die Neurose, was ist ihr letztes, das ihr besondere Motiv? Nach jahrzehntelangen analytischen Bemühungen erhebt sich dies Problem vor uns unangetastet, wie zu Anfang.»[92] Etwa zur gleichen Zeit, als

Freud dies schrieb (1926) und damit die Befürchtung verband, so werde es wohl bleiben müssen, erschienen von Reich *Die Funktion des Orgasmus* und erste Arbeiten zur Charakteranalyse, denen solche Resignation fremd war. Schon zwei Jahre zuvor, in seiner Studie *Der triebhafte Charakter*, hatte Reich die Richtung angegeben, in der es seiner Meinung nach weitergehen mußte, wenn er schrieb, *daß es nicht auf die analytische Beseitigung des Symptoms, sondern auf die Reaktionsbasis, das heißt des neurotischen Charakters, ankommt, wenn man Unfähigkeit zu Rezidive, mit anderen Worten: wirkliche Heilung erreichen will*[93]. Es wurde schon gezeigt, daß dies für Reich gleichbedeutend war mit der Herstellung der orgastischen Potenz. *Ich kannte das Ziel, hatte bei wenigen Kranken Glück damit, doch von der Technik, dahin sicher zu gelangen, wußte ich gar nichts. Mehr, je sicherer ich in der therapeutischen Zielbehauptung wurde, desto mehr mußte ich mir die Lückenhaftigkeit der technischen Kunstfertigkeit eingestehen.*[94] Mit dem Stand der Methode konnten nur jene zufrieden sein, für die Psychoanalyse nicht mehr als ein Broterwerb bedeutete; denn Patienten kamen trotzdem genug.

Die «passive Technik» Freuds war wenig effektiv. *Es hatte sich gezeigt, daß die heilende Wirkung der Deutung begrenzt ist ... Die Besserungen, die man erzielte ... waren meist ... zufällig hervorgerufen.*[95] *Viele analytische Regeln hatten ausgesprochenen Tabucharakter an sich, der die neurotischen Tabus der Kranken im Sexuellen nur verstärkte. So die Regel, daß der Analytiker nicht gesehen werden ...sollte ... Den Analytiker als Sexualwesen anzuschauen war verboten ... Das Sexuelle blieb, so behandelt, nach wie vor das Teuflische und Verbotene, das unter allen Umständen zu «verurteilen» oder zu «sublimieren» war. Oder: ... die Regel ... daß der Kranke, solange die Behandlung dauert, abstinent leben müßte. Wie sollten dann seine Genitalstörungen verstanden und behoben werden?*[96] Eine andere Folge der passiven Technik war die sogenannte chaotische Situation. Diese entstand sehr häufig, weil der Analytiker, gemäß den Regeln, dem Patienten die Führung in der Analyse überließ und ihm deutend überall hin folgte. *Die Kranken hatten sehr bald heraus, was der Psychoanalytiker erwartete und lieferten die betreffenden «Assoziationen».*[97] Völlig unverstanden war die sogenannte negative therapeutische Reaktion. *Es war sonderbar, daß so viele Kranke auf die Sinndeutungen, statt, wie man erwartete, mit Besserungen zu reagieren, mit Verschlechterungen antworteten.*[98] Es war eine der Erscheinungen, die Freud veranlaßten, die Libidotheorie zugunsten der Todestriebtheorie aufzugeben.

Einen Ausweg aus dieser unbefriedigenden Situation hatten viele gesucht. *Stekel ... Adler ... Jung ... Ferenczi ... Rank ... Alle scheiterten an der einen Frage, die jede psychotherapeutische Situation bestimmt: Wo und wie soll der Kranke seine natürliche Sexualität unterbringen, wenn sie aus der Verdrängung befreit ist? Sie ist bei Freud weder angedeutet noch ... geduldet.*[99] Der Ausweg, den Reich fand, die Charakteranalyse, war, wegen ihrer unlösbaren Verbindung mit der Orgasmustheorie, für kaum einen seiner Kollegen mit allen Konsequenzen gangbar. *Von den etwa 20 Studenten des Wiener Seminars hat keiner den Weg der Charakteranalyse weiter verfolgt.*[100] Das ihr immanente Konzept einer klar definierbaren (zunächst nur psychischen) Gesundheit erwies sich als zu hohe Hürde.

Diese Hürde ist bis heute, ein halbes Jahrhundert danach, nicht genommen worden. Zwar wurden später, als Reichs Entwicklung sie längst hinter sich gelassen hatte, stillschweigend einige Details der charakteranalytischen Technik übernommen; was an ihr wesentlich war, blieb jedoch tabu. Der Pyschoanalytiker S. O. Hoffmann, der Autor der 1979 erschienenen Monographie «Charakter und Neurose» (übrigens die erste ihrer Art!), findet sich stets an der gleichen kritischen Stelle wieder: «Das vorrangigste Problem ... ist die unzureichende Trennung von Gesundheit und Krankheit.»[101] Was für die Physiologie selbstverständlich ist, scheint für die Psychologie ein unüberwindbares Problem zu sein. Man findet es wieder in allen psychosomatischen Konzepten, die durch die Integration einer solchen Psychologie «Ganzheit» herstellen wollen.

Therapeutische Innovationen Reichs

Die Arbeit Reichs war das genaue Gegenteil zu den Versuchen Freuds und der meisten seiner Schüler, der «therapeutischen Misere» zu begegnen. *Freud hatte* ab 1920 ... *ein unbewußtes Strafbedürfnis angenommen, das den Widerstand gegen das Gesundwerden begründen sollte. Gleichzeitig war der «Todestrieb» in die Theorie eingeführt worden ... Das ersparte alles weitere Nachdenken. Wenn man nicht heilte, war der Todestrieb daran schuld.*[102] Selbstverständlich war alles nicht so deutlich formuliert, waren die Fronten nicht so klar geschieden. Die Tendenz jedoch, den Problemen, auch den immer deutlicher werdenden sozialen Implikationen der Psychoanalyse, durch Theoriebildungen metaphysischer Art auszuweichen, war offensichtlich. Dabei hatte Freud, ähnlich wie gegenüber der Entwicklung der Libidotheorie, eine merkwürdig ambivalente Position bezogen. *Er hätte eben einmal eine Spekulation zugelassen. Er wüßte genau, daß man seine Spekulation mißbrauchte. Ich sollte ... ruhig klinisch weiterarbeiten.*[103] So versuchte er Reich zu beschwichtigen.

Reich hielt sich zunächst an den gesicherten Erkenntnisstand. Hier klaffte, bisher fast unbemerkt, eine nicht folgenlose Lücke zwischen Theorie und Praxis. *Das wichtigste Ergebnis des ersten Jahres seminaristischer Arbeit war die entscheidende Einsicht, daß die Analytiker unter «Übertragung» nur die positive und nicht die negative verstanden, obgleich die Unterscheidung von Freud längst getroffen war.*[104] Es hieß, man könne nur unter Ausnutzung einer starken positiven Übertragung heilen. Ein

Wilhelm Reich, um 1928

Schlüsselerlebnis belehrte Reich eines besseren: *Erst als ich mir von einem Patienten, der eineinhalb Jahre in guter positiver Übertragung glänzend erinnert hatte und trotzdem keinen Erfolg erzielte, viele Monate nach Abbruch der Analyse sagen lassen mußte, daß er mir nie getraut hatte, lernte ich die Gefahr der latent bleibenden negativen Übertragung richtig einschätzen und suchte erfolgreich nach Mitteln, sie stets aus ihren Verstecken hervorzuholen.*[105]

Ähnliche Erfahrungen müssen andere Analytiker auch gemacht haben, doch haben sie offenbar kaum Konsequenzen daraus gezogen. Halfen die erprobten und theoretisch begründeten Regeln «heilen», so war es gut; für Mißerfolge konnte es viele Erklärungen geben. Reich, mit seiner naturwissenschaftlichen Auffassung des Prozesses und einem für ihn immer deutlichere Konturen annehmenden Kriterium für Heilung, konnte über einen solchen Fall nicht achselzuckend hinweggehen.

Die Wichtigkeit der Herstellung einer starken positiven Übertragung für den Heilprozeß stand außer Frage. Doch kann, wie das Beispiel belegt, eine scheinbare positive Übertragung zustande kommen und, vom Analytiker unbemerkt, als Tarnung einer latenten negativen, als Widerstand also, wirken. *Gerade das Bestreben, eine intensive positive Übertragung zu erzielen, war eines der Motive, daß ich der negativen so große Aufmerksamkeit schenkte; das frühe und restlose Bewußtmachen der negativen, kritischen, herabsetzenden usw. Einstellungen zum Analytiker stärkt nicht die negative Übertragung, sondern hebt sie auf und kristallisiert die positive reiner heraus.*[106]

Die Widerstandsanalyse war nun nichts Neues. Freud war bereits um 1910 dazu übergegangen, Symptome nicht mehr direkt zu deuten, sondern das Verdrängte indirekt über die Deutung der Widerstände, zum Beispiel durch Traumdeutung, bewußt zu machen. In der Praxis glaubte man aber oft, diesem Prozeß durch Druck nachhelfen zu können: *Ich riet ab, den Patienten «überzeugen» zu wollen, daß eine Deutung richtig wäre. Ist der entsprechende Widerstand gegen eine unbewußte Regung begriffen und beseitigt, dann greift der Kranke von selbst dazu. Im Widerstand ist ja dasjenige Triebelement, wogegen er sich richtet, enthalten. Erkennt er den Sinn der Abwehr, dann ist er auch schon dabei, das Abgewehrte zu erfassen. Doch das erfordert konsequente Aufdeckung jeder leisesten Regung von Mißtrauen und Ablehnung im Patienten. Es gab keinen ohne tiefes Mißtrauen gegen die Behandlung.*[107] Es stellte sich mit der Zeit heraus, daß es eine echte positive Übertragung selten gab, bevor nicht die latente negative, die sich hinter Bravheit, Höflichkeit, Affektlahmheit und anderen oft eher geschätzten Haltungen verbergen konnte, aufgespürt und zersetzt war. Das nun war neu in der psychoanalytischen Praxis. Reich sprach anfangs von einer geordneten oder systematischen Widerstandsanalyse und sah darin eine konsequente Weiterentwicklung der Methode Freuds.

Doch als er im Dezember 1926 im engeren Kreise Freuds ein Referat über die neue Technik hielt, stieß er auf allgemeine Ablehnung. Tatsächlich konnte sich Reich an eine Reihe von Regeln der orthodoxen Technik nicht mehr halten, da diese, als Dogmen betrachtet, Hemmnisse geworden waren. Zwei Regeln, denen Reich Tabucharakter beimaß, wurden schon genannt. *Da die sog. psychoanalytische Grundregel, «alles zu sagen, was einfällt», in der Mehrzahl undurchführbar war, machte ich mich davon unabhängig, indem ich nicht nur das, was der Kranke mitteilte, sondern alles, was er darbot, im Besonderen die Art der Mitteilungen und des Schweigens zum Angriffspunkt nahm ... Worte können lügen. Der Ausdruck lügt nie.*[108] Das Verhältnis Arzt/Patient gestaltete Reich unortho-

Von Geld ist die Rede, von wem noch?

«Ich bin das Kind…

… von ursprünglich wohlhabenden Leuten, die, wie ich glaube, in jenem kleinen Provinznest behaglich genug gelebt hatten. Als ich ungefähr drei Jahre alt war, trat eine Katastrophe in dem Industriezweig ein, mit dem sich der Vater beschäftigte. Er verlor sein Vermögen, und wir verließen den Ort notgedrungen, um in eine große Stadt überzusiedeln. Dann kamen lange harte Jahre.»

So berichtete der Mann, von dem hier die Rede sein wird, von sich. Genauer gesagt: Er legte diese autobiographischen Daten einer erfundenen Person in den Mund, denn er liebte es, sein Privates zu verschleiern. Paradoxerweise wurde er später berühmt, weil es ihm gelang, das Privateste anderer Leute zu entschleiern.

Das Provinznest hieß übrigens Freiberg, das heutige Příbor in Mähren. Der väterliche Industriezweig war die Textilbranche, der Stoffhandel. Und bei der Kastrophe handelt es sich um die Wirtschaftskrise des Jahres 1859. Die Eltern zogen nach Wien. Der Sohn lebte dort bis ins hohe Alter. Als Zweiundachtzigjähriger verließ er Wien, um ins Exil nach London zu gehen. Von wem war die Rede?

(Alphabetische Lösung: 6-18-5-21-4)

dox: *Bei mir lernten sie vor allem, jede Scheu vor Kritik an mir zu überwinden ... sie sollten mich unautoritär, menschlich betrachten.*[109] *... Ich gestattete den Kranken immer mehr und wurde nicht enttäuscht.*[110]

Einen guten Eindruck von Reichs therapeutischer Einstellung gibt der Bericht der norwegischen Psychiaterin Dr. Nic Waal über ihre Psychoanalysen. Zweimal aus einer orthodoxen Analyse als «gesund» entlassen, zuletzt als Therapeutin approbiert, ging sie zu Reich, da sie selbst sich nicht gesund fühlte. «Meine bisherigen Therapeuten hatten mein Sexualleben bewundert ... Reich entdeckte sofort ... daß ich eine starke und lebhafte Erotik als Abwehr gegen Aggression und Depression benutzte. Er entdeckte ebenfalls auf Anhieb, daß ich schwere Aggressionsprobleme hatte sowie eine falsche Freundlichkeit, auch, daß ich eine falsche Ja-Sagerin war ... Er akzeptierte mich und bekämpfte nur meine Eitelkeit und Falschheit. Aber ich lernte verstehen, daß wirkliche Aufrichtigkeit und Liebe ... manchmal den Mut erfordert, scheinbar mitleidlos zu sein ... Das jedoch stellt große Anforderungen an den Therapeuten, an seine Ausbildung und an seine diagnostischen Fähigkeiten.»[111] Was von seinen Vorgängern, sofern sie es bemerkt haben, aus «Toleranz» übergangen oder der «Buntheit des Lebens» zugeordnet wurde, war für Reich noch Symptom, jenseits moralischer Wertung.

Große Anforderungen werden vor allem auch an die Flexibilität des Charakteranalytikers gestellt. Der Patient kommt ja in der Regel nur wegen der Symptome, unter denen er leidet, deren Funktion in seinem seelischen Haushalt er aber nicht kennt. *Der Analytiker wird als Störenfried des neurotischen Gleichgewichts zwangsläufig zum Feind.*[112] *Ich begann die latente Haßhaltung der Kranken, die nie fehlte, allmählich zu begreifen. Blieb man nicht in der affektlosen Assoziation stecken ... ging man an die charakterliche Abwehrhaltung des Kranken heran, dann wurde er böse ... Er klagte über Öde im Erleben. Zeigte man ihm jedoch dieselbe Öde in der Art seiner Mitteilungen, in seiner Kühle, in seinem hochtrabenden oder unechten Wesen, ärgerte er sich. Das Symptom, einen Kopfschmerz oder einen Tic, empfand er als fremd. Sein Wesen dagegen war er selbst. Er fühlte sich beunruhigt, wenn man es ihm zeigte ... Allmählich begriff ich, daß eben dieses Wesen die kompakte zähe Masse bildet, die den analytischen Bemühungen im Wege stand.*[113] Obwohl nun Reich seine Bemühungen auf diese Reaktionsbasis der Symptome konzentrierte – was meist mit Verstärkung der Leiden des Patienten, aber auch mit erweiterter Krankheitseinsicht verbunden war –, ergab sich, wie er schreibt, *der nur scheinbar paradoxe Tatbestand, daß ich seit ... acht Jahren, nur drei Fälle durch vorzeitige Flucht verlor, während vorher das Wegbleiben weit häufiger vorkam*[114].

Eine ausführliche Darstellung der Therapietechnik gibt Reich in seinem Buch *Charakteranalyse* (1933, 1970ff).

Was ist der Charakter?

Es wurde bisher, ohne den Begriff genauer bestimmt zu haben, schon vom Charakter als «neurotischer Reaktionsbasis» der Symptome und «zäher kompakter Masse», die der Heilung im Wege steht, gesprochen. Gemeint war dort der neurotische Charakter, der allerdings statistisch gesehen stark überwiegt, sozusagen normal ist (schon Freud hatte gesagt, er habe die Menschheit zum Patienten). Auf den gesunden Charakter wird später zurückzukommen sein. Reichs Aussagen über Funktion der Bildung und der Kontinuität des Charakters gelten für beide.

Vorweg jedoch sei Reichs Auffassung zur Frage der Vererbung von Charaktereigenschaften erwähnt. *Wir leugnen nicht, daß Reaktionsweisen hereditär angelegt sind. Hat doch schon das Neugeborene seinen «Charakter». Aber wir meinen, daß den ausschlaggebenden Einfluß das Milieu hat.* Das zeige sich sehr deutlich an jenen Fällen, bei denen die Analyse feststellen konnte, daß der Patient zum Beispiel bis zu einem bestimmten Alter leicht erregbar und heiter war, danach aber depressiv oder still und gehemmt wurde. *Es ist aber wahrscheinlich, daß ein gewisser Grundton der Persönlichkeit angelegt und kaum veränderbar ist. Die Überbetonung der hereditären Faktoren beruht zweifellos auf einer unbewußten Scheu vor den Konsequenzen, die sich für eine Kritik der Erziehung ergeben, wenn man ihre Einflüsse richtig einschätzt.*[115]

Die Charakterbildung setzt, wie Reich um 1930 meinte, im sogenannten Ödipusalter ein, mit dem *Konflikt zwischen den genitalen Inzestwünschen und der realen Versagung der Befriedigung* ... In diesem Alter besteht *ein noch verhältnismäßig schwaches Ich, welches aus Angst vor Strafe sich zunächst durch Verdrängungen schützt*[116]. Triebdynamische Prozesse, die von der Art der Erziehung wesentlich beeinflußt werden, bewirken in der Folge eine chronische Veränderung des Ichs: *Die Verdrängungen müssen festgekittet werden, das Ich muß sich verhärten, die Abwehr muß einen chronisch wirkenden, automatischen Charakter bekommen.*[117] Die Funktion dieser Verhärtung ist *der Schutz des Ichs vor äußeren und inneren Gefahren. Als chronisch gewordene Schutzformation verdient sie die Bezeichnung «Panzerung». Sie bedeutet klarerweise eine Einschränkung der psychischen Beweglichkeit der Gesamtperson.*[118] Eine Kurzdefinition des Charakters lautet denn auch: *Die typische Struktur eines Individuums, seine stereotype Weise des Agierens und Reagierens.*[119] *Der Panzer selbst ist aber beweglich zu denken ... Der Grad der charakterlichen Beweglichkeit ... macht den Unterschied zwischen realitätstüchtiger und neurotischer Charakterstruktur aus.*[120]

Die Funktion der Charakterbildung ist es also, *den Druck des Verdrängten zu mildern und das Ich darüber hinaus zu stärken. Aber der Prozeß hat auch seine Kehrseite.*[121] Er hilft zwar, Unlust zu vermeiden, doch kann dies ökonomisch nur durch die Bindung von Libido geschehen, womit wiederum die Lust- und Leistungsfähigkeit geschwächt wird; um so mehr, je stärker und starrer die Panzerung ist. Der gepanzerte Organismus kann energetisch mit einem Fahrzeug verglichen werden, das mit angezogener Bremse fährt. Das jedoch ist nicht die einzige nachteilige Begleiterscheinung. *Ist die charakterliche Panzerung auf der einen Seite Folge und bestimmte Erledigungsart des kindlichen Sexualkonflikts, so wird sie unter den Bedingungen, denen die Charakterbildung in unseren Kulturkreisen unterliegt, in der Mehrzahl der Fälle Grundlage späterer neurotischer Konflikte und Symptomneurosen; sie wird zur charakterneurotischen Reaktionsbasis.*[122]

In welchem Maße die Charakterbildung pathogene Folgen hat, hängt wesentlich von den Umwelteinflüssen, das heißt hauptsächlich von der Erziehung ab. Bekämpfung der kindlichen Onanie und Askeseforderung für die Pubertät sah Reich zunächst als die schädlichsten Einflüsse an, denn: *Der Kind-Eltern-Konflikt wird selbst erst pathogen aufgrund gestörter sexueller Ökonomie des Kindes, begründet derart die weitere innere Störung der Fähigkeit zur Ordnung des Libidohaushalts im erwachsenen Alter und bezieht seine Energie gerade aus dem, was er mitbedingt hat: aus der Stauung genital-sexueller Energie.*[123] Eine einmal erfolgte Störung gerät, sofern sie intensiv genug war, zu einem nur mühsam wieder rückgängig zu machenden, sich selbst unterhaltenden oder gar verstärkenden Prozeß.

Ohne daß Reich die Bedeutung der Schädlichkeit einer lustfeindlichen Erziehung je herabgemindert hätte, gewann er später, als er der Enge psychoanalytisch-einseitiger Konzepte über die Funktionen des menschlichen Organismus vollends entwachsen war, einen tieferen Einblick in jene Prozesse, die er für die weite Verbreitung der Neurose als ursächlich ansah. Die «Quelle des menschlichen Nein» (zu echter Lust und wahrem Leben) sah er nun, sozusagen schon als Disposition zur ja meist mißlingenden Charakterbildung, in früheren Lebensphasen, auch pränatalen, lokalisiert.

Auf dieses Thema, ebenso wie auf Reichs detaillierte Arbeiten über die Bedingungen der Charakterdifferenzierung und über therapeutische Beeinflussung, kann hier nicht eingegangen werden.

Reich integrierte die Charakteranalyse zudem bald in sein psychosomatisches Konzept. *Wir wenden die Charakteranalyse nicht mehr so an, wie sie in diesem Buch beschrieben wird ... sie ist weit davon entfernt, dem bioenergetischen Kern emotionaler Funktionen genügend gewachsen zu sein,* schrieb Reich 1948 im Vorwort zur 3. Auflage der *Charakteranalyse*, die nur deshalb unverändert erscheine, um den *Weg zum Verständnis der Orgonomie und der medizinischen Orgontherapie* zu erleichtern.[124]

Der neurotische und der genitale Charakter

Im Zusammenhang mit der Anwendung der charakteranalytischen Technik tauchten zwei allgemeine Fragen auf: *Inwieweit ist eine Änderung des Charakters in der Analyse überhaupt nötig, und in welchem Ausmaß ist sie zu erzielen? Auf die erste Frage gibt es prinzipiell nur die eine Antwort: Der neurotische Charakter muß sich soweit ändern, als er die charakterologische Grundlage für neurotische Symptome abgibt und insofern er Störungen der Arbeits- und sexuellen Genußfähigkeit bedingt.*

Die zweite Frage ist nur empirisch zu beantworten ... Mit den heutigen (1933) *Mitteln der Psychoanalyse sind qualitative Änderungen des Charakters direkt nicht zu erzielen ... Wohl aber lassen sich quantitative Änderungen erzielen, die qualitativen gleichkommen ...*[125]

Es kann hier nicht auf Reichs Typologie der neurotischen Charaktere eingegangen werden, nur auf die Schlüsse, die er aus den in mehr oder minder großem Maße erzielten quantitativen Änderungen gezogen hat. *So prägten sich vor meinen Augen in jahrelanger Arbeit allmählich die Züge des «genitalen Charakters» heraus, die ich dann dem «neurotischen Charakter» gegenüberstellte.*[126] Jener ist natürlich ein Idealtypus. Die Bezeichnung «genital» hat hier nicht den geläufigen psychoanalytischen Sinn; sie wurde von Reich gewählt, um das Hauptcharakteristikum dieses Charaktertyps auszudrücken: seine Fähigkeit zu orgastischer Befriedigung, die im Reichschen Sinn nur genital möglich ist. *Die Kranken veränderten ihr Gesamtwesen mit der Fähigkeit zu voller genitaler Hingabe so grundlegend und rasch, daß ich diesen Umschwung zunächst nicht begriff.*[127] Reichs Motto, das er später all seinen Büchern voranstellte, hieß: *Liebe, Arbeit und Wissen sind die Quellen unseres Lebens. Sie sollten es auch beherrschen.* An Hand dieser drei Begriffe sollen nun die genannten Veränderungen der Patienten grob skizziert werden.

Hatten sie bis dahin mechanisch gearbeitet, keine Beziehung zur Arbeit gezeigt, sie als notwendiges Übel betrachtet, das man auf sich nimmt ... so wurden sie jetzt wählerisch. Hatten sie aus neurotischen Störungen bisher nicht gearbeitet, so entstand ein tiefes Bedürfnis nach einer lebensnahen Arbeit.[128] Das gab natürlich Probleme; allerdings solche, die auf die Art der gesellschaftlichen Organisation des Arbeitsprozesses wiesen.

Die Veränderung im Sexuellen war ebenso kraß. Patienten, die bis zur Erlangung der orgastischen Potenz konfliktlos zu Prostituierten gingen, wurden dazu unfähig. Frauen, die bis dahin ... den Akt aus «Ehepflicht» über sich ergehen ließen, sahen sich dazu nun außerstande ... Frauen, die, ob verheiratet oder nicht, bis dahin mit jedem ... zu schlafen imstande waren, weil sie nichts empfanden, waren nun mit Empfinden und sexuellem Ernst ausgestattet.[129] Auch hier ergaben sich durch die Heilung Probleme, die ebenfalls auf die gesellschaftliche Organisation des Lebens, diesmal auf die Institutionen Ehe, Bordell usw. wiesen.

Reich 1928 in der Umgebung Wiens

Die Kranken begannen spontan, die moralischen Äußerungen der Umgebung als fremd und sonderbar zu empfinden. Sie mochten vorher noch so strikte die voreheliche Keuschheit verteidigt haben, nun empfanden sie diese Forderung als grotesk.[130] Die Beziehungen zwischen Ideologiebildung – scheinbar eine Funktion eines oft autonom konzipierten Intellekts, der allenfalls hin und wieder nicht «überreden» läßt (man erinnere sich an Freuds Wunsch, die Triebe mögen dem Intellekt untergeordnet werden) – und emotionaler Gesundheit sind ein weites Feld. Als Therapeut hatte Reich bemerkt: *Die intellektuelle Tätigkeit kann nämlich derart strukturiert und gerichtet sein, daß sie wie eine äußerst raffiniert arbeitende Apparatur gerade zur Vermeidung der Erkenntnis, wie eine von der Wirklichkeit ablenkende Tätigkeit aussieht.*[131] Während die Psychoanalyse in solchen Fällen den Patienten allenfalls zu einem guten Theoretiker der psychoanalytischen Lehre mache, ihn aber sonst kaum verändere, sei es *bemerkenswert, daß es bei konsequenter Charakteranalyse gar nichts ausmacht, ob der Patient viel oder wenig intellektuelles Wissen hat*[132]. Ein Lektüreverbot, wie in der Psychoanalyse, ist also überflüssig.

Freuds Desiderat, die Diktatur der «Vernunft» im Seelenleben, erweist sich in der Konsequenz der Reichschen Fortführung seiner ursprünglichen Theorie als Metaphysik. Bei Reich wird es zum Scheinproblem, wenn er zwar auch das intellektuelle Primat als Ziel der gesellschaftlichen Entwicklung bejaht, es beim Nennen der libidoökonomischen Voraussetzungen beim Individuum aber sogleich aufhebt: *Genitaler und intellektueller Primat gehören ebenso zueinander, einander wechselseitig bedingend, wie Libidostauung und Neurose, Über-Ich (Schuldgefühl) und Religion, Hysterie und Aberglauben, prägenitale Libidobefriedigung und heutige Sexualmoral ...*[133]

Die Probleme, die sich im Bereich «Wissen» in der Gesellschaft für jemanden ergeben, der dem Idealtypus «genitaler Charakter» nahe kommt oder gebracht wurde, sind subtilerer Art als die in den beiden anderen Bereichen; denn – «die Gedanken sind frei». Es würde jedoch sehr verwundern, wenn dieser Bereich nicht nach ähnlichen Prinzipien organisiert wäre wie die beiden anderen.

Der genitale Charakter, wie Reich ihn idealtypisch beschrieben hat, funktioniert nach dem Prinzip der *sexualökonomischen Selbststeuerung.* Sein Verhalten ist – im Gegensatz zur zwangsmoralischen Steuerung des Neurotikers – *nicht gelenkt von einem «Du sollst» oder «Du darfst nicht», sondern spontan durch die Anforderungen der genitalen Lust und Befriedigung.*[134] *... Der Gesunde hat praktisch keine Moral mehr in sich, aber auch keine Impulse, die eine moralische Hemmung erfordern würden.*[135] Selbstverständlich hat auch der genitale Charakter einen «Panzer», um sich in unlustvollen Situationen schützen zu können: ... *aber er verfügt über ihn, er ist ihm nicht ausgeliefert. Dieser Panzer ist schmiegsam genug, um sich den verschiedenen Situationen des Erlebens anzupassen ...*[136] Der genitale Charakter *vermag sich hier abzusperren, dort zu öffnen. Er verfügt über seine Panzerung, weil sie nichts Verbotenes zurückzuhalten hat.*[137] Eines seiner wesentlichen Kennzeichen ist die Fähigkeit zu spontaner Sublimierung.

Sublimierung

Sublimierung ist ein Begriff der Psychoanalyse. Freud ist zu seiner Bildung, wie er mitteilte, durch die Lektüre von Heinrich Heines «Harzreise» angeregt worden. Darin wird von einem jungen Mann erzählt, der in seiner Jugend allen Hunden, derer er habhaft werden konnte, den Schwanz abgeschnitten hat und später ein berühmter Chirurg wurde. «Da tut einer sein ganzes Leben lang dasselbe, erst aus jugendlich-sadistischem Übermut, dann zum Wohle der Menschheit. Ich dachte, daß der Name Sublimierung für diesen Bedeutungswechsel angebracht sei.»[138]

Was «zum Wohle der Menschheit» sei, war in der Psychoanalyse immer von den gesellschaftlichen Normen abhängig. Sublimierten also auch Soldat, Fließbandarbeiter, Psychoanalytiker? Natürlich gelangte man nie – ganz wie beim Problem der Gesundheit – zu brauchbaren Kriterien zur Unterscheidung von Sublimierung und Reaktionsbildung. Schon die Unklarheit über zwei so zentral stehende Begriffe läßt einen Zusammenhang vermuten. Für Reich löste sich das Problem automatisch in der Orgasmustheorie: *So wie die orgastische Befriedigung, ist auch die Sublimierung eine spezifische Leistung des genitalen Charakters, die Reaktionsbildung die Arbeitsweise des neurotischen Charakters. Das will natürlich nicht heißen, daß nicht auch der Neurotische sublimiert und der Gesunde keine Reaktionsbildungen hat.*[139] Sublimiert werden könne der Teil der prägenitalen Libido, der nicht sexuell in den Vorlustakten verwandt wird, genitale Libido selbst überhaupt nicht. Die Praxis, so Reich, habe zudem gezeigt, *daß die Sublimierungen der prägenitalen Libido um so mehr leiden, je größer die Stauung der Gesamtlibido ist*[140].

Freuds Therapiekonzept sah vor, daß die aus der Verdrängung befreiten Triebansprüche entweder durch Sublimierung («eine noch wenig verstandene Gabe», bis heute) oder den rein mentalen Akt der Verurteilung ihre symptombildende Wirkung verlieren sollen. Letzteres ginge nach Reich nur, *wenn nicht die Verurteilung von Triebbedürfnissen ... an die Ökonomie des Trieblebens gebunden wäre ... Ebenso ist die Triebsublimierung an bestimmte Voraussetzungen geknüpft.*[141]

Reich sah schon 1926: Nicht die Anpassung an ein Normensystem, sei es nun historisch gewachsen oder wie auch immer willkürlich gesetzt, kann wirklich Kriterium für Gesundheit und Sublimierungsfähigkeit sein. Vielmehr wäre zu fragen, wie ein solches System beschaffen sein müßte, an das sich ein Individuum anpassen kann, ohne neurotisch zu werden bzw. zu bleiben. *Wenn die Kultur eine Sublimierung und keine kollektive schwere Neurose ist, dürfte sich alles übrige von selbst ergeben*[142], sobald die Pathogenität der gesellschaftlichen Bedingungen, unter denen der einzelne heranwächst, auf ein Minimum reduziert wäre. Dies wäre nur in einer weitgehend anarchischen Gesellschaft der Fall.

Sekundäre Triebe und das Masochismusproblem

Unter anderen Aspekten hat Reich ein zweites Modell des *Kulturmenschen der patriarchalisch-autoritären Ära* entworfen. Er beschreibt ihn darin als *ein strukturell dreifach geschichtetes Lebewesen ... An der Oberfläche trägt er die künstliche Maske der Selbstbeherrschung, der zwanghaft unechten Höflichkeit und der gemachten Sozialität. Damit verdeckt er die zweite Schicht darunter, das Freudsche «Unbewußte», in dem Sadismus, Habgier, Lüsternheit, Neid, Perversion aller Art etc. in Schach gehalten sind, ohne jedoch das geringste an Kraft einzubüßen. Diese zweite Schicht ist das Kunstprodukt der sexualverneinenden Kultur und wird bewußt meist nur als gähnende innere Leere und Öde empfunden.*[143] Im Unterschied zur Psychoanalyse war es Reich mit seiner Methode möglich, bis zu der dritten und letzten Schicht, dem *biologischen Kern*, vorzudringen. Hier *leben und wirken die natürliche Sozialität und Sexualität, die spontane Arbeitsfreude, die Liebesfähigkeit ... die einzige reale Hoffnung, die der Mensch hat, das gesellschaftliche Elend einmal zu bewältigen*[144].

In diesem Modell des heutigen Normalmenschen wird zwar auch angenommen, daß die Impulse für alle Lebensaktivitäten aus dem «biologischen Kern» kommen; da sie aber auf ihrem «Weg» nach außen die «zweite Schicht» zu durchdringen haben und dabei deformiert werden, träten sie, wenn sie nicht durch die «äußere Schicht» maskiert würden, nur in dieser verzerrten, pervertierten Form zutage. Reich bezeichnete sie daher als *sekundäre Triebe*, im Gegensatz zu den primären, die zum Beispiel beim noch nicht starr gepanzerten Kleinkind oder beim Erwachsenen nach erfolgreicher Charakteranalyse mehr oder weniger rein zu beobachten seien. Die Psychoanalyse kennt diesen qualitativen Unterschied nicht. *Das ist es, was die Diskussion verrammelt ... Ohne Unterscheidung der sekundär entstandenen Unnatur im Sexuellen von den tief verborgenen, bei jedem Menschen vorhandenen Liebesbedürfnissen, kommt man nicht weiter ... Man urteilt von einer Fratze her, und da mit Recht so. Dann können, müssen und sollen die Moralisten Recht behalten.*[145]

Für Reaktionäre und Konservative, ob Wissenschaftler oder nicht, war Reich kurzum ein «Sexualbolschewist» oder ähnliches; für Liberale und Progressive, insbesondere für jene mit «sexueller Befreiung» im Programm, blieb Reich – entgegen dem oberflächlichen Anschein – bis heute inakzeptabel, denn sie argwöhnen Willkürlich-Normatives, wenn Reich zum Beispiel schreibt: *Für die sekundären, unnatürlichen, asozialen Triebe gilt weiter die moralische Bremsung. Für die natürlichen Lustbedürfnisse gilt das Freiheitsprinzip, wenn man will das «Ausleben». Man muß nur wissen, was das Wort «Trieb» jeweils meint.*[146]

Ein entscheidender theoretischer Durchbruch, den Reich der Effektivität der charakteranalytischen Technik verdankt, scheint auf den ersten Blick nur für Spezialisten von Interesse zu sein: die Lösung des Masochismusproblems. Gemeint ist hier nicht die masochistische Perversion, die ja nur von wenigen masochistischen Charakteren entwickelt wird, sondern *das Problem, wie Unlust triebhaft gewollt werden und sogar Befriedigung schaffen kann*[147]. Aus diesem Paradoxon der Triebpsychologie hatte Freud folgenschwere Konsequenzen gezogen: der Todestrieb ist weitgehend identisch mit einem «primären Masochismus»[148], einem «biologischen Willen zum Leiden».

Reich erörtert dieses Problem *an Hand eines Falles, der fast vier Jahre in Behandlung stand und Fragen löste, die mehrere vorher behandelte Fälle unbeantwortet gelassen hatten*[149]. Hier kann nur darauf hingewiesen werden. Reichs Schluß war: *Der Masochismus ist der Prototyp eines sekundären Triebes ... Er ist Ergebnis und nicht Ursache der Neurose*[150] (wie die Psychoanalyse annahm, die vom *Urkonflikt Bedürfnis-Außenwelt*[151] zugunsten eines biologisch angelegten, internen Urkonflikts abgerückt war). Eine masochistische Komponente fand sich in allen Neurosen; sie trat in der Behandlung spätestens kurz vor Erreichen der orgastischen Potenz, als elementare Lustangst, in Erscheinung. *Die Lustangst der Menschen* – ihnen fast zur «zweiten Natur» geworden und noch in höchsten geistigen Produkten zwar oft verborgener, aber letztlich bestimmender Faktor – *wurde aus einer grundsätzlichen Veränderung der physiologischen Lustfunktion verständlich,* doch erst einige Jahre später, denn: *Das Verständnis des masochistischen Mechanismus eröffnete mir den Weg in die Biologie.*[152] Doch auch zum Verständnis anderer Bereiche des menschlichen Lebens entstand durch die neue Sicht des Masochismusproblems ein wichtiger Zugang. *Damit hatte ich, ohne es zu beabsichtigen, das dynamische Wesen aller Leidensreligionen und Leidensphilosophien getroffen.*[153] *Der Masochismus wurde darüber hinaus ein Zentralproblem der Massenpsychologie.*[154]

Freud oder Reich?

Auf dem XIII. Internationalen Psychoanalytischen Kongreß im August 1934 in Luzern wurde Wilhelm Reich aus der Internationalen Psychoanalytischen Vereinigung (IPV) ausgeschlossen. Dieses Ereignis ist im Kongreßbericht mit keinem Wort erwähnt, obwohl laut Reich *der Kongreß völlig unter dem Eindruck dieser peinlichen Affäre stand*[155]. Auch aus der Geschichtsschreibung der Psychoanalyse erfährt man kaum mehr als die Fälschung: Reich trat aus der IPV aus. Es ist die Version von Ernest Jones, dem Freud-Biographen, der sich recht sicher gefühlt haben muß, als er sie 1952 zu Papier brachte: hatten doch schon 1934 nur wenige mit Nachdruck für Reich Partei ergriffen. Reich selbst hat eine Kurzdarstellung einiger Umstände gegeben[156]; das meiste jedoch, was Reich fast zu einer Leerstelle in der Geschichte der Psychoanalyse gemacht hat, muß sich damals (aber auch in den folgenden Jahrzehnten) hinter den Kulissen abgespielt haben, mit stillschweigendem oder augenzwinkerndem Einverständnis der Aktiven, Freud eingeschlossen. Den arglosen oder neutralen Kollegen wurde der Eindruck einer formalen und nur vorläufigen Maßnahme vermittelt, notwendig geworden wegen der politischen Ereignisse in Deutschland. Exil und Weltkrieg trugen noch ihren Teil dazu bei, daß aus dem einstigen «Hecht im Karpfenteich» ein nahezu Vergessener wurde.

Ins Gespräch kam Reich erst wieder, und zwar gegen den Widerstand der Fachkollegen, als ihn die Studentenbewegung Ende der sechziger Jahre für sich entdeckte. Seitdem fristen Bruchstücke seiner Theorien ihr Dasein im pluralistischen Allerlei und haben bei weitem nicht die Beachtung gefunden, die ihnen 1934, wenn auch in negativer Hinsicht, zuteil geworden war. Damals war es den meisten Beteiligten klar, daß es um das ging, was Reich die *konsequente Fortführung der ursprünglich revolutionären Lehre Freuds*[157] nannte. Nur unter diesem Aspekt betrachtet mutet das Konspirative des ganzen Vorgangs weniger unglaubhaft an.

Otto Rank

Die «Häretiker» der Psychoanalyse

Das Revolutionäre an Freuds ursprünglicher Lehre war zweifellos sein Konzept der Sexualität. Seinetwegen gingen die Freundschaften mit Josef Breuer und Wilhelm Fließ zu Bruch, seinetwegen verbrachte er mehr als ein Jahrzehnt in völliger wissenschaftlicher Isolation und seinetwegen verließen ihn so sehr geschätzte Mitarbeiter wie Alfred Adler, Carl Gustav Jung und Otto Rank. Nicht nur die Anzahl der Einträge dieser Namen im Register seiner «Gesammelten Werke» – es sind jeweils etwa 70 – weist darauf hin, wie gründlich sich Freud mit diesen «Häretikern» auseinandergesetzt hat. Leicht kann man sich auch davon überzeugen, daß er über die konkurrierenden Theorien sachlich und fair zu diskutieren pflegte. Er blieb zudem in Konfliktfällen immer so lange versöhnungsbereit, daß jede Trennung ein Austritt aus der Psychoanalytischen Gesellschaft, nie ein Ausschluß, geworden ist.

Otto Rank zum Beispiel, als Laienanalytiker zuvor Verfasser von Arbeiten über die Deutung von Mythen und Legenden, veröffentlichte 1924 eine Theorie, in der er die zentrale Stellung des Ödipuskomplexes, für Psychoanalytiker fons et origo von Neurose und Kultur, durch das Trauma der Geburt ersetzt hatte. Freud erlitt, wie er an Ferenczi schrieb, daraufhin einen Schock; denn er nahm die Theorie zunächst so ernst, daß er glaubte, sein gesamtes Lebenswerk über die sexuelle Ätiologie der Neurose sei nun hinfällig geworden. Tröstlich mag ihm nur erschienen sein, daß auch bei Rank der neurotische Konflikt biologisch bedingt war. Obwohl Freud bald gelassener in bezug auf den Status seiner eigenen Theorie wurde und Ranks Fehler zu sehen glaubte, diskutierte er dessen Idee lang und ausgiebig. Noch nach Jahren, als Rank ihm längst den Rücken gekehrt hatte, lobte Freud dessen Gedanken als «kühn und geistreich». Zahl und Art der Erwähnung in seinen Schriften wurden übrigens gemeinhin als Maßstab der Gunst Freuds angesehen; so zum Beispiel, wenn er Ruth Mack Brunswicks Geschicklichkeit lobte oder Sandor Ferenczi als Meister der Analyse bezeichnete.

Freud über Reich

Erst vor diesem hier nur sehr grob skizzierbaren Hintergrund gewinnt Kontrast, daß weder die Person Reichs noch dessen Arbeiten in Freuds Schriften Erwähnung finden. Der Kontrast wird schärfer, wenn man weiß, daß sich Reich ja gerade auf die Themen konzentriert hatte, die von Freud auf dem Berliner Kongreß 1922 als die vordringlichsten bezeichnet worden sind. Geradezu grotesk wird das Bild, wenn Freud in seinen späten Schriften, Reichs Arbeiten völlig ignorierend, beklagt, wieviel doch leider auf diesen Gebieten «versäumt» worden sei.

Dabei hatten beide Männer bis 1930, als Reich nach Berlin ging, häufig persönlichen Kontakt. Der 40 Jahre jüngere Reich erinnerte sich: *Wenn ich ein Problem hatte, ging ich zu ihm, und wir sprachen darüber, eine halbe oder auch ganze Stunde.*[158] Ein solches Problem war der Themenkomplex Todestrieb, Strafbedürfnis, Willen zum Leiden. Freud, der von seinen eigenen Arbeiten ab 1920 keine hohe Meinung hatte, riet Reich: *Gehen Sie ruhig weiter mit Ihrer klinischen Arbeit. Was ich da vorgebracht habe, ist nur eine Hypothese ... nichts mehr als ein Spiel mit Gedanken.*[159] Es waren die Gedanken eines Moribunden; Reich sah erst sehr viel später, im Rahmen seiner Theorie der biopathischen Erkrankungen, Zusammenhänge zwischen Denken und generellem Zustand des Gesamtorganismus.

Zu Freuds 70. Geburtstag, am 6. Mai 1926, überreichte ihm Reich das Manuskript zu seinem Buch *Die Funktion des Orgasmus*, etwa 200 Seiten. *Seine Reaktion beim Lesen des Titels war unerfreulich. Er besah das Manuskript, zögerte ein wenig und sagte dann wie in Unruhe: «So dick?» ... Das war keine rationale Reaktion. Er war sonst sehr höflich und hätte nicht ohne weiteres so verletzend gesprochen.* Freud behielt die ihm gewidmete Schrift mehr als zwei Monate. *Bis dahin pflegte Freud jedes Manuskript in wenigen Tagen zu lesen und dann schriftlich Bescheid zu geben.*[160] Sein Urteil über das Buch war positiv, aber distanziert. *Am 70. Geburtstag hatte Freud uns gesagt, daß wir der Welt nicht trauen sollten. Die Feiern*

Freud-Porträt mit persönlicher Widmung für Reich, 1925

besagten nichts. Die Psychoanalyse werde nur akzeptiert, um besser zerstört werden zu können. Er meinte die Sexualtheorie. Doch ich hatte einen entscheidenden Beitrag gerade zur Festigung der Sexualtheorie geliefert ... Weshalb lehnte Freud die ... Lösung «Orgasmustheorie» ab? Ich ahnte nicht, daß es die Konsequenzen für die gesamte Neurosenlehre waren, die hier abschreckten.[161]

Über die Irritation Freuds, die hauptsächlich indirekt zum Ausdruck kam, gibt es nur sehr wenige Zeugnisse. In einem Brief an Lou Andreas-Salomé spricht er mit herablassender Ironie von Reich als einem «passionierten Steckenpferdreiter»[162]. In Wahrheit muß ihn gerade der Ernst und Elan beunruhigt haben, mit dem der junge Reich Probleme mit Aussicht auf Erfolg anging, vor denen er bereits vor Jahren kapituliert hatte. Doch auch über seine eigene Schrift «Das Unbehagen in der Kultur» schrieb Freud an Lou wie von einem Steckenpferd: «Sie ... kommt mir ... sehr überflüssig vor ... Was aber sollte ich tun? Man kann nicht den ganzen Tag rauchen und Karten spielen.»[163] Reich hingegen sah die Situation ganz anders: *Die wenigsten wissen, daß Freuds «Unbehagen in der Kultur» in den erwähnten Kulturdiskussionen* (im engeren Kreis in Freuds Wohnung) *zur Abwehr meiner aufblühenden Arbeit und der von ihr ausgehenden «Gefahr» entstand ...*[164] *Wir wissen, daß der Naturwissenschaftler Freud mit dem bürgerlichen Kulturphilosophen Freud in schwere Konflikte geriet.*[165] Mit diesem Satz versuchte Reich, die Ambivalenz im Freudschen Denken und Handeln ab 1920 zu erklären.

Reich über Freud

Das Wesentliche von Reichs kritischer Position gegenüber Freud steckt in dem letzten Zitat. Auch von der Faszination wurde schon gesprochen, die für Reich von der Person Freuds ausgegangen war, als er ihm das erste Mal begegnete. Die Hochschätzung des Naturwissenschaftlers Freud, der so lange allein gegen eine feindselige Welt gestanden hatte, behielt Reich trotz allem bis an sein Lebensende. Noch 1952 meinte er in einem Interview: *Im Prinzip war Freud mit mir einig. Aber wenn es konkret wurde ... wandtete er sich gegen die Sache und gegen mich.*[166] Das sei dann der Kulturphilosoph gewesen. *«Die Kultur geht vor!» war Freuds Kommentar* zu einem Vortrag Reichs über Neurosenprophylaxe gewesen.[167] Insgesamt zeichnete Reich in dem Interview ein zwar kritisches, aber doch vorwiegend positives Bild von Freud. Eine drastische Korrektur seines Freud-Bildes zwang ihm aber gleich einige Monate später die Lektüre des ersten Bandes der Freud-Biographie von Ernest Jones auf. Das veranlaßte ihn zu einer Nachschrift, die einige Schlußfolgerungen enthält, von denen die letzte lautet: *(4) ... Seine psychologischen Entdeckungen, so groß und entscheidend sie auch waren, stellen somit ein Weglaufen dar vor der vollen Kenntnisnahme jener Aspekte seiner Entdeckung, die ich ein Jahrzehnt lang in seinem Namen verfolgt habe ...*[168]

Ähnliche Gedanken, die er allerdings nicht weiter verfolgt zu haben scheint, hatte Reich schon 1935. In einem Brief an seine Schülerin Lotte Liebeck schrieb er damals: *Neulich habe ich nach langer Zeit einmal wieder in den «Drei Abhandlungen»*[169] *gelesen; und ich war sehr erstaunt über einige Passagen daraus, speziell die über Genitalität. Ich habe mir ernstlich Unrecht getan, indem ich so viele Jahre unter dem Eindruck gearbeitet habe, meine Theorie der Genitalität ginge auf Freud zurück. Das habe ich nur meinem Vaterkomplex zu verdanken. Ich hoffe, daß ich eines Tages eine klare Trennung vollziehen werde.*[170]

Für Reichs Verharren in einer Organisation von Menschen, deren sexualfeindliche Einstellung er bald erkannt hatte, gibt es eine einfachere Erklärung als den «Vaterkomplex». Sie hat zudem den Vorteil, sein gleichzeitiges Engagement in marxistischen Gruppen plausibel zu machen. Reich war ideologisch ziemlich heimatlos: *Ich stand draußen wie Peer Gynt.*[171] *Aus der Vielseitigkeit meiner Sympathien entwickelte sich später der Grundsatz, daß «jeder irgendwo recht» hätte, man mußte nur erkennen, wo.*[172] Psychoanalyse und Marxismus (darüber später mehr) waren ihm wohl weniger ideologische Heimat, sondern einfach Betätigungsfelder, die geeignetsten offenbar, die er fand. Sein späteres «Sektiererdasein» wurde ihm ja aufgezwungen. In seinem teilweise verschlüsselt autobiographischen Christusbuch schreibt Reich: *Hast du dich ihnen nicht angeschlossen und bist mit ihnen über Land gezogen, weil du Angst vor dem Alleinsein hattest? Auch du brauchtest sie aus vielen Gründen: um zu ihnen zu sprechen, um die Wirkung deiner Worte auf das Denken deiner Mitmenschen zu erfahren, um zu hören, welches Echo deine Worte auslösen; um das hoffnungsvolle Leuchten in den Augen deiner Freunde zu sehen, wenn du ihnen von deinen Hoffnungen und Zukunftsvorstellungen erzählst ...*[173]

Reichs Ausschluß aus der IPV

Die Art, in der der Ausschluß erfolgte, ist derart grotesk, daß sie dem Außenstehenden kaum glaubhaft erscheinen wird.[174] Hier kann nicht versucht werden, Einzelheiten dieses verwickelten, bis heute nur teilweise aufgeklärten Vorgangs darzustellen. Er war der bezeichnende Abschluß eines Kampfes, der, für Reich zunächst unmerklich, begonnen hatte, als dieser erstmals seine Thesen zur Genitalität vorgetragen hatte. Damals war Theodor Reik, ein älterer Analytiker, an Reich herangetreten, um ihm zu sagen, *daß er den Vortrag hervorragend fand, aber: «Ich möchte das Buch nicht geschrieben haben.» Das war sein Kommentar. Ich glaube, das charakterisiert die ganze Situation.*[175]

In den ersten zwei Jahren ging es ohne Konflikt. Doch dann begann eine Opposition von seiten der älteren Kollegen störend einzusetzen. Sie kamen einfach nicht mit, fürchteten für ihre Reputation als «erfahrene Autoritäten». Sie mußten daher zu neuen Dingen, die wir erarbeiteten, entweder sagen: «Das ist ja alles banal, steht schon bei Freud» oder sie erklärten, es

Paul Federn

wäre «falsch».[176] Freuds Haltung wurde schon kurz erörtert. Aber auch die jungen Kollegen aus dem Seminar schienen der Auseinandersetzung, die sich anbahnte, nicht gewachsen, was nicht nur aus ihrer materiellen Abhängigkeit von den älteren Kollegen (wegen der Überweisung von Patienten) erklärt werden kann. *Von den etwa 20 Studenten des Wiener Seminars hat keiner den Weg der Charakteranalyse weiter verfolgt.*[177]

Schon etwa zehn Jahre vor seinem Ausschluß befand sich Reich innerhalb der Psychoanalytischen Vereinigung Wiens in folgender Situation: Freud und andere ältere Kollegen erkannten ihn zwar in Privatgesprächen schulterklopfend als hervorragenden Kliniker an; offiziell aber schwiegen sie, und einige, Reich nennt vor allem Federn und Nunberg, intrigierten gegen ihn. Seinen Tatendrang glaubte man in Seminar und Ambulatorium, Posten mit viel Arbeit und wenig Einfluß, kanalisiert. Doch Reich entgingen die Winkelzüge der Funktionäre nicht völlig: *Was bedeutet dieser Boykott? Ich weiß nicht, wer damit angefangen hat, ich sehe lediglich eine Gemeinschaftsaktion des Exekutivkomitees.* Seiner sachlichen Kritik weiche man aus, Kritik an ihm vermeide man, und bei der Besetzung von Positionen habe man ihn bereits mehrmals übergangen, beschwert er sich 1926 in einem Brief. *Ganz zu schweigen von all den kleinen Schikanen, kaum greifbar, doch deshalb nicht weniger verletzend, die ich nicht aufzählen kann, ohne mich lächerlich zu machen.*[178]

Andere Kollegen, Reich nennt zum Beispiel Anna Freud und Helene Deutsch, zeigten sich stets freundlich und interessiert, aber «neutral». Eine Sonderstellung nahm nur Otto Fenichel ein. Er war der einzige, der die Schriften Reichs in psychoanalytischen Periodika besprochen hat, ausführlich und mit wohlwollender Kritik. Er war später auch Reichs engster Mitarbeiter in der oppositionellen «Gruppe dialektisch-materialistischer Psychoanalytiker». Aber kurz vor dem Höhepunkt des Konflikts, 1934, zog sich Fenichel plötzlich zurück und wurde bald zum erbitterten Feind. Hatte er selbst als Folge dieser Handlung einige Wochen in einer Nervenheilanstalt verbringen müssen, so beeilte er sich bald, zusammen mit Reichs geschiedener Ehefrau Annie, das Gerücht zu kolportieren, Reich sei geisteskrank geworden.[179]

Diese «Diagnose», die zwar in Analytikerkreisen Anklang fand, aber von Dutzenden von Psychiatern, die später mit Reich zusammenarbeiteten, nicht bestätigt wurde, ist erstmals schon Anfang der zwanziger Jahre gestellt worden — allerdings nicht öffentlich: von Paul Federn, dem Mann also, der länger als irgendein anderer mit Freud aufs engste zusammengearbeitet hat und vierzehn Jahre lang sein Stellvertreter war. Sein Sohn berichtet: «Aus persönlichen Mitteilungen weiß ich, daß Federn eher als andere bei Reich schizophrene Reaktionen zu erkennen glaubte. Das stellte ihn ... vor schwierige Probleme.» Zeugnisse über Federns Art, diese Probleme zu lösen, gibt es nicht; der Schlüssel zu seiner Motivation jedoch findet sich wohl im folgenden Satz: «Federn begriff den Menschen als ein sadomasochistisches Tier – als die einzige Spezies mit einem angeborenen Trieb, zu herrschen und beherrscht zu werden.»[180] Federns Bewältigung des Problems «Reich» dauerte zwar über ein Jahrzehnt, war aber dann ein voller «Erfolg».

Auf dem Luzerner Kongreß (1934) schließlich stand Reich – mit drei norwegischen Kollegen, die noch nicht IPV-Mitglied waren – allein. Dabei war man dort, wie immer, recht freundlich zu ihm; er konnte auch noch den vorbereiteten Vortrag halten, allerdings nur noch als «Gast». Den Veranstaltern fiel es nicht schwer, allgemein den Eindruck zu erwekken, Reichs Ausschluß sei nur eine provisorische Formalität.

Gemeinhin pflegt man solches Verhalten – das Freuds, Federns, Fenichels und anderer – jeweils aus einem anderen Motiv heraus als «menschlich verständlich» zu bezeichnen. Reich sei eben zu «fanatisch» gewesen; er hätte «realistisch» sein, sich anpassen sollen. Schließlich habe es ja auch für Marxisten, zum Beispiel Bernfeld oder Fenichel, Platz in der IPV gegeben. Tatsächlich hat auch Reichs politische Betätigung nur vordergründig eine Rolle gespielt. Die Feindseligkeit war schon vor seinem Engagement da und überdauerte es bis heute.

Reich selbst näherte sich erst Jahre später einem tieferen Verständnis dessen, was vorgefallen war: nachdem gemeinsame Züge mit späteren Angriffen auf ihn bzw. seine Arbeit deutlich geworden waren und nachdem er das Masochismusproblem klinisch genauer, jetzt als ein psychosomatisches, erforscht hatte. Über Freuds Todestriebpostulat, das er 1932 in seiner Arbeit über Masochismus angegriffen hatte, schrieb Reich 1941: *Dennoch hatte Freud etwas gemeint, das großer Mühen wert war.* [181] Reich wurde sich immer klarer darüber, daß er mit seinen Arbeiten den Nerv einer «Tendenz» im einzelnen und in der Gesellschaft getroffen hatte, der über Jahrtausende unangetastet geblieben war. Diese «Tendenz» kennzeichnet die gesamte Kulturgeschichte nicht nur des Abendlandes (s. a. *Reichs Einbruch der sexuellen Zwangsmoral* [182]). Sie kommt zum Beispiel in dem Wort vom «Krieg als Vater aller Dinge» der alten Griechen ebenso prägnant zum Ausdruck wie in dem Wahlspruch der spanischen Falange: «Es lebe der Tod!» Viel sprach zwar für die Charakterisierung des Menschen als einziges sadomasochistisches Tier; aber das ist, so Reich, nicht die ganze Wahrheit.

Reichs Argumentation im Konflikt mit der IPV lautete: *Der Forderung des IPV-Vorstandes, freiwillig auszutreten, könnte er nicht Folge leisten. Wenn der IPV-Vorstand ihn ausschloß, so könnte er nichts dagegen unternehmen. Er verstünde zwar den bereits vollzogenen Ausschluß* (aus der deutschen Gruppe; dieser war bereits ein Jahr zuvor ohne sein Wissen erfolgt) *vom Standpunkt der Todestriebtheoretiker durchaus ... Er erklärte aber gleichzeitig, daß er sich als den konsequentesten und legitimsten Vertreter und Fortsetzer der ursprünglichen klinisch-naturwissenschaftlichen Psychoanalyse betrachte, und von diesem Standpunkt aus den Ausschluß nicht anerkennen könne.* [183]

Doch diese Frage stand überhaupt nicht zur Debatte. Die Auseinandersetzung zwischen Reich und der Psychoanalyse wurde geradezu ein Musterfall für eine Erkenntnis, die Émile Durkheim 1912 so formuliert hatte: «Alles, auch die Wissenschaft, beruht im sozialen Leben auf der Meinung.» [184]

Vor seinem Eintritt in die IPV hatte der zweiundzwanzigjährige Reich in anderem Zusammenhang den erstaunlichen Verdacht geäußert, *all das Ringen nach Freiheit sei fingiert, eine Komödie, die der Mensch seinem Narzißmus vorspielt und ihn deshalb veranlaßt, ungehalten zu sein, wenn er aus seinem Spiel gerissen wird* [185]. Damit hatte er mit intuitiver Sicherheit mitten ins Schwarze getroffen. Seine späteren Konflikte mit den Psychoanalytikern, ebenso wie die mit den Marxisten, von denen im nächsten Kapitel die Rede sein wird, sind in ihrem Kern kaum treffender zu charakterisieren.

Politik und Antipolitik

Das neuerliche Interesse an Reich, im Gefolge der Studentenbewegung der sechziger Jahre entstanden, konzentriert sich eigentümlicherweise gerade auf den Teil seines Werkes, den er selbst später als am fragwürdigsten empfand. So hat er die nach 1940 erschienenen Neuauflagen seiner früheren Bücher einer drastischen Revision unterzogen: *Die sexualökonomischen Aussagen über den Faschismus gelten heute noch besser als vor zehn Jahren,* schrieb er 1942 in den USA. *Die marxistischen Parteibegriffe im Buch dagegen mußten durch die Bank gestrichen und neu ersetzt werden ... Die sexualökonomisch-biologischen Tatsachenfeststellungen waren in die marxistische Vulgärterminologie eingezwängt wie ein Elefant in ein Fuchsloch.*[186]

Es wurde bereits erwähnt, daß der junge Reich mit den radikal amoralischen, individual-anarchistischen Ansichten Stirners, Ibsens und Nietzsches sympathisierte und daß das Konzept «genitaler Charakter» als im Sinne Reichs naturwissenschaftliche Präzisierung der mehr intuitiven Vorstellungen dieser Männer angesehen werden kann. Aber auch der späte Reich schrieb noch: *Wünschen wir die Wahrheit über soziale Fakten zu erfahren, studieren wir Ibsen oder Nietzsche*[187] und empfahl die Lektüre von Stirners «Einzigem»[188]. Seine Versuche, in der marxistischen Bewegung Fuß zu fassen, sind deshalb auch mehr unter zeitbedingten, praktisch-politischen Aspekten zu verstehen.

Obwohl Reich nur etwa fünf bis zehn Jahre Marxist gewesen ist, wird er heute meist als «marxistischer Psychoanalytiker» eingeordnet, der, von beiden Gruppen verstoßen, daraufhin verrückt geworden sei: eine oft und gern kolportierte Kurzversion seines Lebenslaufs. Das selektive Interesse an diesem «frühen» Reich dient zudem in der Regel der Demonstration seines Scheiterns, um daraus indirekt die Überlegenheit der eigenen, an Marx und Freud orientierten Position abzuleiten. «Reichs Auffassung der sexuellen Hemmung und Unterdrückung bleibt undifferenziert ... (Reich lehnt Freuds Hypothese eines Todestriebes und die ganze Tiefendimension ab, die sich in Freuds später Metapsychologie abzeichnet)», kritisierte Herbert Marcuse schon 1955[189] gewissermaßen als Schrittmacher. Seine Epigonen unterstellten Reich Naturidolatrie und Rückfall in vormarxistische Gesellschaftskritik. Folgerichtig sei er dann auch, an Psychoanalyse und Marxismus verzweifelt, «unpolitisch» geworden.

Kritik und Vorwürfe dieser Art sind nicht neu. Reich selbst hatte einige Zeit lang versucht, ihnen argumentativ zu begegnen[190], bevor er die irrationalen Motive seiner Gegner erkannte. Wenn er als Konsequenz daraus seit den späten dreißiger Jahren politische Diskussionen mehr und mehr mied, so verstand er das jedoch keineswegs als Rückzug ins Unpolitische, sondern im Gegenteil als Vorstoß ins «Antipolitische». Politik an sich erschien ihm nun als quasi soziopathologisches Phänomen – gesellschaftlicher Ausdruck der individuellen Massenneurose –, das mit politischen Methoden nicht wirksam bekämpft werden könne. Als effektivsten Einsatz seiner Mittel im «politischen» Kampf sah er deshalb die nicht durch unfruchtbare politische Diskussionen gestörte Konzentration auf seine wissenschaftliche Arbeit an.

Neurosenprophylaxe

«Ich sagte Ihnen, die Psychoanalyse begann als eine Therapie, aber nicht als Therapie wollte ich sie Ihrem Interesse empfehlen, sondern wegen ihres Wahrheitsgehalts ...»[191] Bei diesen Worten über die (revidierte) Psychoanalyse hatte der siebenundsiebzigjährige Freud keineswegs den Wert der psychoanalytischen Erkenntnisse für die Neurosenprophylaxe im Sinn. Vierzig Jahre zuvor hingegen war er anderer Auffassung gewesen: «Aus dem Vorstehenden ergibt sich die volle Verhütbarkeit wie die volle Unheilbarkeit der Neurosen. Die Aufgabe des Arztes verschiebt sich ganz in die Prophylaxe»[192], hatte er seinem Freund Fließ mitgeteilt. Doch schon bevor Reich sich der Psychoanalyse anschloß, hatte Freud resigniert und begonnen, seine Theorie *zu einer abstrakten, dann konservativen «Kulturanpassungslehre»*[193] zu wandeln.

Reich erfuhr durch seine Arbeit am Ambulatorium das massenhafte Vorkommen der Neurose viel direkter und intensiver als Freud. Ihm waren weder Dünkel noch Berührungsscheu im Wege, durch diese Tätigkeit in näheren Kontakt mit der Arbeiterbewegung zu kommen, eine entscheidende Weichenstellung für sein weiteres Leben. *Als angesehener Arzt und Wissenschaftler Arbeitslosendemonstrationen aktiv mitzumachen, Flugblätter in den Arbeitervierteln zu verteilen, sich in Schlägereien mit der Polizei zu begeben, galt als verrückt. Die Intellektuellen haben kein Verständnis dafür. Sie schreiben als Soziologen über Probleme der Gesellschaft. Doch sie benehmen sich wie ein Arzt, der weise Bücher über den Typhus schreibt ohne je eine Spur davon gesehen zu haben ... Die Sexuologen jener Zeit schrieben ihre Bücher nach den Erfahrungen der Privatpraxis. Doch die Sexual- und Neurosenprobleme sehen in der Masse anders aus, bieten grundsätzlich andere Probleme als die in der Privatpraxis, besonders der psychoanalytischen.*[194]

Unter den Arbeitern einer Zelle im XX. Bezirk, wo ich arbeitete, befreundete ich mich mit einem jungen, verheirateten Arbeiter. Er hieß Zadniker und war ein prächtiger Mensch. Durch ihn lernte ich die so völlig verschiedene Art des bewußten Arbeiters kennen und schätzen. Gerade dadurch verfiel ich niemals der Proletenschwärmerei mancher hyperradikaler Intellektueller, die rasch zur Arbeiterbewegung stoßen und ebenso rasch wieder verschwinden. Zadniker war einfach, gerade, ohne Höflichkeit, aber auch ohne Hinterlist ... Über sexuelle Probleme der Menschen, nicht nur der Arbeiter, konnte er ruhig, sachlich, ohne eine Spur von Zynismus

sprechen ... Es gab keine Frage meiner späteren Sexualökonomie, die er nicht automatisch, ohne Gelehrsamkeit, selbstverständlich «vom Bauche her» gewußt hätte ... Er verstand, was Jahrzehnte Diskussionen und Tausende Artikel den Psychiatern und Kulturträgern nicht beibringen konnten, mit einer achtungswürdigen menschlichen Selbstverständlichkeit ... ich lernte viel, sehr viel sehen, was in keinem Lehrbuch der Politik und Wissenschaft geschrieben steht.[195]

Einen anderen Bereich individuellen und gesellschaftlichen Elends lernte Reich durch seine Tätigkeit für die «Sozialistische Gesellschaft für Sexualberatung und Sexualforschung» kennen, die er mit einigen jungen Kollegen und drei Frauenärzten Anfang 1929 in Wien gegründet hatte. *Die Beratungsstellen waren sofort ... überlaufen ... Zuerst kamen vorwiegend schwanger gewordene Mädchen und Frauen. Ich sah unter ihnen keinen einzigen Fall, bei dem die Vertretung der durchzuführenden Geburt nicht unmenschlich, unärztlich, gemein und feige gewesen wäre.* Damit waren nicht nur die materiellen Bedingungen gemeint, die durchaus nicht immer schlecht waren. *Diese Mütter und Frauen und Mädchen waren komplett unfähig, ein Kind, außer es zu gebären, auch zu pflegen, zu erziehen und es n i c h t kaputt zu schlagen.*[196] Eine andere Gruppe Ratsuchender waren Jugendliche. *Sie kamen zu mir meist nur, um sich Rat in Empfängnisverhütung zu holen. Es waren Jugendliche von etwa 14 bis 20 Jahren in der Regel. Sofort stand das Problem da: Darf man Jugendlichen von 14 oder 15 Jahren Empfängnisverhütungsmittel geben? Diese eine Frage zog konsequent und unerbittlich das ganze Jugendproblem hinter sich her.*[197]

Durch diese Arbeit in einem Lebensbereich, der für die meisten Akademiker fremd und uninteressant war, geriet Reich in einen ernsten Konflikt. Er begann das Zwiespältige und Heuchlerische in der Haltung seiner Kollegen zu sehen, die von der Vielfalt der Krankheitsformen fasziniert waren, Gesundheit aber als nicht definierbar ansahen; für die Psychoanalyse ein «intellektuelles Abenteuer»[198] und Sexualwissenschaft minuziöse Erforschung kurioser Anomalitäten[199] war; die aus solcher Betätigung nicht nur zweifelhaften Lustgewinn und ansehnliche Pfründe, sondern auch noch ein «gutes Gewissen» bezogen, denn sie heilten und halfen ja. An Prophylaxe waren, auch bei theoretischer Einsicht, ernsthaft nur ganz wenige interessiert. *Es fordert zuviel Denken, Geradheit, Wissen, Selbstkritik, daß ein Arzt als Hauptziel seiner Tätigkeit gerade die Verhütung derjenigen Krankheiten ansieht, von deren Heilung er lebt.*[200] Für Reich enthüllte damals die Ideologie der Trennung von Wissenschaft und Politik ihre Grundlage und banale Funktion für ihren Träger.

Daß Reich damals nicht Politiker geworden ist, verdankt er unter anderem dem Rat seines Freundes Zadniker. Als Politiker hätte er sein Potential im Hinblick auf den erstrebten Umsturz und die Zeit danach in nur geringem Maße einsetzen können. Ihm war klar, *daß erst eine grundsätzliche Umstülpung der gesellschaftlichen Institutionen und Ideologien, die*

Um 1929

von dem Ausgang der politischen Kämpfe unseres Jahrhunderts abhängt, die Voraussetzungen einer umfassenden Neurosenprophylaxe schaffen wird[201]. Aber es gehörten noch andere Voraussetzungen, nämlich wissenschaftliche, dazu; und auf diesem Gebiet fand Reich dann seinen Platz, denn die herkömmliche Wissenschaft schien ihm geradezu ihre Aufgabe darin zu haben, *durch Akademismen und ... spitzfindige Detaillierung nebensächlicher Fragen ... von den Hauptproblemen abzulenken*[202]. Um zu soziologischen und massenpsychologischen Erkenntnissen zu kommen, wirkte er weiterhin in der Arbeiterbewegung, ohne jedoch seine bisherige Arbeit zu vernachlässigen. *Wenn wir in irgendeinem anderen Zweige der Medizin eine Seuche bekämpfen wollen, werden wir alle Mühe daran setzen, einzelne typische Krankheitsfälle mit den bestausgebauten Methoden zu untersuchen und zu verstehen, um von da her dem Sozialhygieniker Anweisungen geben zu können.* Daraus folgt, *daß gerade die Einsicht in die vom sozialen Standpunkt hoffnungslose Stellung der individuellen Psychotherapie, die sich aus der gesellschaftlichen massenhaften Pro-*

duktion von Neurosen ergibt, zu einer noch gründlicheren, noch intensiveren Beschäftigung mit den Problemen der individuellen Therapie führen mußte.[203]

Sexualpolitik (Sex-Pol)

Die Ergebnisse der Arbeit Reichs als individueller Therapeut wurden, soweit sie sich noch im psychologischen Rahmen befanden, bereits dargestellt. Die Differenzen, die sich deswegen mit den Wiener Psychoanalytikern ergaben, aber auch das politische Klima Wiens, veranlaßten Reich, im September 1930 nach Berlin umzusiedeln, wo er sich in beiderlei Hinsicht bessere Arbeitsbedingungen erhoffte.

Die Berliner Psychoanalytische Vereinigung jedoch, damals von Max Eitingon geleitet, ließ Reich nicht offiziell als Ausbildungsanalytiker zu, da er die charakteranalytische Technik lehrte. Trotzdem konnte er sich in seiner Privatpraxis über Mangel an Ausbildungskandidaten nicht beklagen. Angesichts der rapide stärker werdenden faschistischen Bewegung konzentrierte er sich jedoch mehr und mehr auf politische Arbeit. Neben ausgedehnter Vortragstätigkeit im ganzen Reichsgebiet ist vor allem die Gründung des Deutschen Reichsverbands für Proletarische Sexualpolitik, als Unterorganisation der KPD, im Herbst 1931 zu nennen. Einige Programmpunkte, die Reich damals aufgestellt hat, sind auch heute noch aktuell: so zum Beispiel substantielle Änderungen der Gesetze, die Eheschließung und Schwangerschaftsabbruch regeln, die Forderung nach Heimurlaub für Strafgefangene oder Beseitigung der Prostitution. Strategie der Sex-Pol-Mitarbeiter war, an persönlichen Problemen, die jeder im Alltag hatte, anzuknüpfen und deren Verursachung bzw. Verwurzelung in gesellschaftlichen Zusammenhängen auf plausible Weise darzustellen. So gelang es, sonst unzugängliche Leute zu politisieren.

Gerade in der Massenagitation war die Sex-Pol sehr erfolgreich. Trotzdem wurden in der KPD bald mehr und mehr Stimmen laut: «Reich will, daß wir aus den Turnhallen unserer Vereine Bordelle machen.» – «... Verbrechen an unserer Jugend.» – «... Bespeiung der proletarischen Mädchen.»[204] «Argumente» dieser Art führten dann innerhalb eines knappen Jahres dazu, daß die KPD-Führung den Reichsverband liquidierte. *Die sozialistischen sowohl wie die kommunistischen Organisationen verboten ... den Vertrieb der Schriften des «Verlag für Sexualpolitik» in Berlin schon 1932.* Sie ... *sperrten ... ihre Versammlungslokale für den sexualökonomischen Arzt.*[205]

Reich bejahte zu dieser Zeit die leninistische Ausprägung des Marxismus: *Der Kommunismus erkennt die Notwendigkeit der Diktatur des Proletariats als der gesellschaftlichen Form, die von der autoritär und mora-*

1932 in Berlin

lisch gelenkten Gesellschaft zu demjenigen Zustand überleitet, den die Anarchisten erstreben: zur autoritätslosen, sich selbst steuernden, ohne Gesetze, Polizei, Moralin auskommenden gesellschaftlichen Ordnung ... Die Diktatur des Proletariats ist die Autorität, die hergestellt werden muß zur Abschaffung der Autorität ... Ihre Aufgabe ist also neben der Herstellung der wirtschaftlichen Basis des Sozialismus ... die Umstrukturierung der Menschen.[206] Letztere Aufgabe sei die weitaus schwierigere.

Reich teilte nicht die Befürchtungen anarchistischer Theoretiker, die Marxsche Theorie würde beim Umsatz in die Praxis zu «despotischer Entartung» führen; er sah deren Strategie als realitätsfremd an: *Sie vernachlässigen die hilflose, führungsbedürftige, ja oft autoritätssüchtige Struktur der Masse. Sie sehen nur deren Freiheits*s e h n s u c h t*; doch diese Sehnsucht*

Friedrich Engels

Karl Marx

darf mit der Fähigkeit, frei zu s e i n *... nicht verwechselt werden.*[207]

1927, also schon in seiner Wiener Zeit, hatte Reich begonnen, sich mit den Theorien von Marx, Engels und Lenin zu befassen. Der dialektische Materialismus schien ihm brauchbare Methode und geeignetes theoretisches Raster für seine Arbeit. In seiner Schrift *Dialektischer Materialismus und Psychoanalyse* (1929) beschrieb er die gesicherten Ergebnisse der Psychoanalyse in Begriffen dieser Theorie. In gleicher Weise stellte er seine Weiterentwicklung der Analyse und, bis 1939, seine späteren Funde auf physiologischem und biologischem Gebiet dar. Wenn eine solche Lehre vom Individuum und die marxistische Soziologie sich auf die mit ihren jeweiligen Methoden zugänglichen Gebiete beschränkten, dann müßten sie, so meinte Reich, sich sinnvoll ergänzen. Doch Psychoanalyse und Marxismus, beide ihrem Anspruch nach «wissenschaftliche Weltanschauungen», waren nach Auffassung ihrer organisierten Vertreter völlig unverträglich miteinander.

Die Psychoanalyse hatte sich durch Formulierung konformistischer soziologischer Theorien «Gesellschaftsfähigkeit» erworben. Der Marxismus hatte sich, so Reich 1933, wie folgt gewandelt: *Wie so viele Werke großer Denker degenerierte auch der Marxismus ... Lebendige Methoden wurden zu Formeln, wissenschaftliche Tatsachenforschung zu starren*

Schemata ... Die Anwendung des dialektischen Materialismus auf neue historische Erscheinungen wurde nicht gepflegt, und der Faschismus ist eine derartige Erscheinung, die weder Marx noch Engels bekannt war und von Lenin erst in ihren Anfängen gesichtet worden war.[208]

Faschismus und Sowjetmarxismus

Den überraschend schnellen Aufstieg des deutschen Faschismus und die Hilflosigkeit der gesamten Linken ihm gegenüber hatte Reich in den Jahren 1930 bis 1933 in Berlin miterlebt. Aus den Erfahrungen dieser Jahre schrieb er sein Buch *Die Massenpsychologie des Faschismus* (1933). Es war als antifaschistische, wissenschaftliche Kampfschrift konzipiert, *um der jungen, noch unentwickelten sexualpolitischen Bewegung ein Stück theoretischer Grundlage zu geben ... Zu warten, bis der wissenschaftlichen Pedanterie Genüge getan war, schien mir in den Zeiten, die wir gegenwärtig durchleben, unmöglich ... Ich habe mich bemüht, das schwierige Thema so einfach wie möglich darzustellen, damit die Schrift auch dem durchschnittlichen Arbeiterfunktionär zugänglich wird*[209], schrieb Reich im Vorwort.

Trotzdem ist das Buch, auch für Wissenschaftler, noch heute lesenswert; nicht aus historischen, sondern aus nach wie vor aktuellen Gründen. Denn obwohl Reich es aus oben genanntem Anlaß geschrieben hat, unterließ er es nicht, zu betonen, daß der Faschismus nur zeitspezifischer sozialer Ausdruck der allgemeinen Verfassung der überwiegenden Mehrheit der Menschen, sein Nährboden somit weder zeitlich noch territorial als begrenzt anzusehen sei. *Es geht also heute nicht mehr um das Problem einer 200 Jahre alten Maschinenindustrie* (das kapitalistische System), *sondern um eine etwa 6000 Jahre alte menschliche Struktur.*[210]

Die Hilflosigkeit der Linken gegenüber dem Faschismus lag schon in ihrer Theorie begründet. Dessen starke Massenbasis, die man aus Dogmatismus lange nicht einmal hatte wahrhaben wollen, rückte für Reich eine Frage in den Vordergrund, an der die «Aufklärer» aller Zeiten gescheitert waren: Warum sind vernünftige Argumente, unabhängig von der «Intelligenz» des Adressaten, oft so wenig erfolgreich gegenüber «mystizistischer» Ideologie? Den Begriff Mystizismus verwandte Reich, um den gemeinsamen Nenner aller gesellschaftlichen Erscheinungsformen von Irrationalismus zu benennen. Nicht nur den «bösen» authentischen Faschismus klassifizierte Reich so, sondern auch «neutrale» metaphysische Philosophien und «gute» Religionen. Der Frage also, wie die emotionalen Grundlagen geschaffen werden, die einen Menschen zum Träger mystizistischer Ideologie – und fanatischen Kämpfer für sie – machen, auch gegen jede vernünftige Einsicht und unter Hintanstellung «objektiver» Eigeninteressen, widmete Reich – neben dem Thema des deutschen Faschismus – sein Buch über Massenpsychologie.

Rationalisten meinen diese Frage oft mit dem Hinweis auf die Irrationalität der menschlichen Emotionen beantworten zu können; sie bekunden jedoch, indem sie den Emotionen einen Sonderstatus außerhalb des naturgesetzlichen Funktionierens beimessen, eigene Irrationalität, Mystizismus. *Je mechanistischer, ökonomistischer der vulgäre Marxist ist, je mehr er die Psychologie des Menschen leugnet, desto mehr verfällt er dem oberflächlichsten Psychologismus in der Praxis ... indem er ... öden Couéismus* (Autosuggestionsmethode nach Emile Coué) *betreibt oder die nationalistische Bewegung aus einer «Massenpsychose» erklärt.*[211] Mechanistische und mystizistische Ideologie, als Sammelkategorien, kommen im praktischen Leben, so befand Reich, ohne Anleihen bei ihrem jeweiligen Gegenpart nie aus; tatsächlich seien sie wie zwei Seiten derselben Medaille. Er sprach deshalb auch von der *mechanistisch-mystizistischen Lebensauffassung ... des autoritär unterdrückten Menschen*[212].

Doch nicht wegen der ideologischen Erstarrung des dialektischen Materialismus trat Reich, noch immer Leninist, ab 1934 in kritische Distanz zur Sowjet-Union. Seine Kriterien zur Beurteilung gesellschaftlicher Ent-

Wladimir I. Lenin

wicklungstendenzen, gerade am Phänomen des Faschismus erfolgreicherprobt, alarmierten ihn sehr früh. *Im Verlaufe der letzten Jahre,* schrieb Reich 1935, *häuften sich reaktionäre sexual- und kulturpolitische Nachrichten aus Sowjetrußland, die alle Hoffnungen enttäuschten ... Im Juni 1934 wurde ... der Homosexualitätsparagraph wieder eingeführt ... In den letzten Jahren ... wurde die Abtreibung ... immer mehr bekämpft ... wird die Zwangsfamilie wieder hochgehalten ... werden die Unterrichtsmethoden immer mehr autoritativ ... nimmt die Askeseideologie immer schärfere Formen an ... Wir wissen, daß die Richtung zur Selbstverwaltung des gesellschaftlichen Lebens zugunsten der autoritativen Lenkung der Gesellschaft wich.*[213]

Politische Reaktion in diesem Sinn und Sexualreaktion waren untrennbare Aspekte eines Prozesses, der deutlich machte, daß die Sowjet-Union keine «Erziehungsdiktatur» im Leninschen Sinne mehr war. Vom Absterben des Staates, einer wesentlichen Perspektive bei Marx, Engels und Lenin, war kaum noch die Rede.

Soziale Selbstregulierung: Arbeitsdemokratie

Den massenpsychologischen Erfolg des Faschismus und das zeitlich parallellaufende Scheitern des sowjetischen Experiments konnte Reich nicht registrieren, ohne daraus Konsequenzen für seine gesellschaftstheoretischen Vorstellungen zu ziehen, die bis dahin am Leninschen Konzept orientiert waren.

An die «Zweiphasentheorie», nach der sich die Diktatur des Proletariats nach Erfüllung ihrer historischen Aufgabe selbst abschaffen würde, konnte er nicht mehr glauben. Ähnlich war es mit der Theorie der Dynamik des historischen Prozesses. Die von ihr postulierten Gesetzmäßigkeiten erwiesen sich spätestens um 1930 in entscheidender Hinsicht als Geschichtsmetaphysik. Die Verstaatlichung der Produktionsmittel – das wurde immer deutlicher – befreite weder die Produktivkräfte noch erwies sie sich als Garant einer Entwicklung, wie sie von den Vätern der Theorie und ihren Anhängern einst ersehnt worden ist – im Gegenteil: sie erwies sich als durchaus vereinbar mit der Etablierung eines dauerhaften Unterdrückungsapparates.

Die Erkenntnis, alles Vergangene sei «notwendig» so gewesen, ist bestenfalls banal. Die Behauptung aber, die Repressivität aller vergangenen Gesellschaftsordnungen sei primär aus ökonomischen Zwängen heraus «notwendig» gewesen, ist Apologie und Verschleierung zugleich; sie führte zur ökonomistischen Illusion. *An der Verschiebung der Verantwortung vom lebendigen Menschen auf die «historische Entwicklung» gingen die sozialistischen Freiheitsbewegungen zugrunde.*[214]

Reich in Sletten, 1934

Reichs Beziehung zum Marxismus hatte, sowohl was den Verlauf seines Engagements als auch die Gründe der Trennung angeht, seiner Beziehung zur Psychoanalyse sehr geähnelt. Parallel dazu verlief die Theoriebildung Reichs so, daß sein Konzept der sozialen Selbstregulierung, die Ende der dreißiger Jahre im Osloer Exil entstandene *Arbeitsdemokratie*», zur Vielfalt der politischen Konzepte sich verhält wie der genitale Charakter (individuelle Selbstregulierung) zur Vielfalt der neurotischen.

Reich versuchte damit, zum rationalen Kern des sozialen Lebens vorzudringen, den er unter der augenfälligen Irrationalität des politischen Lebens vermutete. Er befand: *Die Arbeit ist die Grundlage der gesellschaftlichen Existenz des Menschen ...*[215] *In der akademischen Philosophie zerbricht man sich unnütz den Kopf darüber, ob es ein biologisches Arbeitsbedürfnis gäbe oder nicht. Auch hier verschließt wie überall der Mangel an lebendiger Erfahrung die Lösung des Rätsels. Der Drang nach Betätigung entsteht in biologischen Erregungsquellen des Organismus; er ist somit natürlich gegeben. Doch die Formen der Arbeit sind nicht biologisch, sondern sozial entstanden.*[216]

Das gleiche treffe auf das Wissen, Voraussetzung und Ergebnis von Arbeit zu; es bedürfe nicht eines auferlegten Zwanges, um sich zu entfalten, dieser sei vielmehr schädlich. Reich wandte sich entschieden gegen die Befürchtungen der *Kulturträger*, für die hier stellvertretend Kant zitiert sei: «Die Menschen würden ... bei vollkommener Eintracht, Genügsamkeit und Wechselliebe ... ihrem Dasein kaum größeren Wert verschaffen, als dieses ihr Hausvieh hat; sie würden das Leere der Schöpfung in Ansehung ihres Zweckes, als vernünftige Natur, nicht ausfüllen. Dank sei also der Natur für die Unvertragsamkeit, für die mißgünstig wetteifernde Eitelkeit, für die nicht zu befriedigende Begierde zum Haben oder auch zum Herrschen.»[217] Diese Auffassung Kants und sein «vernünftiger» kategorischer Imperativ illustrieren beispielhaft, daß, wie Reich sagt, *die wahre Ethik jeder Gestalt nicht darin besteht, daß man asexuell* (bzw. moralkonform) *ist, sondern gerade den sexuellen* (unmoralischen) *Versuchungen widersteht*[218]. Wer den Drang spürt, «Gutes» tun zu müssen, ist auf die Existenz des «Bösen», in sich und außerhalb, geradezu angewiesen. Ethik und Moral bekämpfen das «Böse» deshalb nie ernsthaft und konsequent, sondern müssen zugleich auch für dessen Persistenz

«Proletarischer General» von William Steig Karikatur aus Reichs Buch «Listen, Little Man»

sorgen: *«Moral» schafft erst dasjenige Triebleben, zu dessen sittlicher Beherrschung sie sich berufen ausgibt; und der Wegfall dieser Moral ist die Vorbedingung des Wegfalls der Unmoral, die zu beseitigen sie sich vergeblich bemüht.*[219] Oder auch: *Das bestehende Gesetz ist gemacht, um das Himmelreich ewig zu suchen, aber nicht, um es auch zu finden.*[220]

Selbstverständlich ist es unwesentlich, daß dieser Grundmechanismus dessen, was als «Kultur» gilt, sich zeitweilig in säkulare Ideologie kleidet. Deshalb hat zum Beispiel ein Arnold Gehlen auch kein Hehl aus seiner Sympathie mit der Sowjet-Union gemacht, der er eine Rolle als letzter Ordnungsmacht in Europa prophezeite.[221]

Reichs Behauptung, das soziale Leben des Menschen könne eine rationale Basis in den Organfunktionen haben, kulturelle Zwangsregulierung von «Liebe, Arbeit und Wissen» sei pathogen und letztlich unökonomisch, stieß, soweit sie überhaupt zur Kenntnis genommen wurde, auf einhellige Ablehnung. Reaktionäre, liberale und progressive Ideologen bildeten eine Front: *Keine andere Stelle meiner Theorie hat meine Arbeit und meine Existenz derart gefährdet, wie gerade die Behauptung, daß Selbstregulierung möglich ... ist.*[222]

Reichs Konzept der *Arbeitsdemokratie* hat noch einen anderen Aspekt, dessentwegen er von ihrer «Entdeckung» sprach: *Arbeitsdemokratie ist kein politisches Programm, sie ist eine neuentdeckte biosoziologische, natürliche und grundlegende Funktion der Gesellschaft.*[223] Sie ... *ist vorhanden und funktioniert unausgesetzt, gleichgültig, ob diese oder jene politische Partei oder Ideologengruppe von ihrer Existenz weiß oder nicht*[224]. Denn der reine Arbeitsprozeß, einschließlich der Beziehungen der Arbeitenden untereinander, sofern sie diesen Prozeß betreffen, ist rational; schon aus dem einfachen Grund, weil zum Beispiel die bearbeiteten Materialien dies verlangen, wenn das fertige Produkt dem gewünschten gleichen soll. Doch an diesem gesellschaftlichen Prozeß ist durch Verfilzung mit neurotischen (z. B. Machtstreben) und politischen (z. B. Ausbeutung) Einflüssen Rationales seit Jahrtausenden in den Hintergrund gedrängt. Auf den Zusammenhang mit Themen wie «autoritäre und funktionelle Hierarchien», «wahre und manipulierte Bedürfnisse», aber auch mit den Problemen der «hohen Politik» kann hier nur hingewiesen werden.

Reichs Konzept der sozialen Selbstregulierung hat somit, ist man ihm bis hierher gefolgt, noch einen dritten Aspekt, den programmatisch-utopischen; doch auch darin hat es eine charakteristische Besonderheit gegenüber anderen Modellen: *Das Neue an der Arbeitsdemokratie ist, daß zum ersten Mal in der Geschichte der Gesellschaftslehre eine künftige Regulierungsmöglichkeit der menschlichen Sozietät nicht aus Ideologien ... abgeleitet wird, sondern aus Naturprozessen, deren Existenz und Ablauf von vornherein gegeben ist.*[225]

Alle bisherigen Versuche mit neuen Lebensformen – ob asketisch oder hedonistisch – sind, sofern sie «Freiheit» erstrebt haben, stets daran gescheitert, daß sie sich über die Funktionsgesetze des menschlichen Organismus hinwegsetzen zu können glaubten. Freiheit blieb zudem ein schillernder Begriff. Für sie gab es *keine naturwissenschaftliche Definition. Kein anderes Wort ist so mißbraucht und so mißverstanden wie dieses. Freiheit definieren ist identisch mit Definition der sexuellen Gesundheit ... Es gibt eine sexualphysiologische Verankerung der sozialen Unfreiheit im menschlichen Organismus.*[226]

Antipolitik

Noch für ein marxistisches Publikum schreibend, rückte Reich 1934 den *Fetisch Politik ... in das grellste Licht naiver Fragen* und diskutierte die *merkwürdig scheue Verehrung*[227], die der «hohen Politik» auch von den Revolutionären entgegengebracht wurde. Angesichts der sowjetischen Diplomatie und des Taktierens der Linksparteien fragte er: *Kann es der revolutionären Politik je gelingen, die bürgerliche Politik zu schlagen, wenn sie deren Sprechart, Taktik, Strategie anwendet? Das kann ihr nie gelingen.* Revolutionäre Politik müsse die Geheimdiplomatie abschaffen und sich *unausgesetzt, unermüdlich, einfach und klar an die Masse wenden.*[228]

Obwohl Reich etwa zur gleichen Zeit den Erfolg der Nationalsozialisten bei der Masse analysiert hatte, war er noch nicht zu dem Schluß bereit, den er 1938 zog, als für ihn an der reaktionären Entwicklung in der Sowjet-Union keine Zweifel mehr bestanden: *... daß die Weiterentwicklung an der autoritätssüchtigen Struktur der Menschenmassen ... scheiterte.*[229]

Reich unterschied nun nicht mehr zwischen bürgerlicher und revolutionärer Politik. Politik an sich erschien ihm jetzt als irrationale Erscheinung, «notwendig» nur wegen der Untertanenmentalität der Masse. *Will man das Wesen der Politik ohne Mühe erkennen, so stelle man sich vor, daß es ein Hitler war, der eine ganze Welt durch viele Jahre in Atem halten konnte. Hitler als politisches Genie war eine riesenhafte Entlarvung des Wesens der Politik überhaupt.*[230] Politik könne wohl kaum mit politischen Methoden abgeschafft werden; denn Politiker, die ja von der Hilflosigkeit der Masse lebten, seien nicht wirklich an der Emanzipation des Volkes interessiert.

Reichs Meinung über die westlichen Demokratien, in denen man kurzerhand davon ausgeht, «als ob» Freiheitsfähigkeit bestünde, wird in dem Briefwechsel über Rede- und Pressefreiheit deutlich, den er 1945 mit der amerikanischen Bürgerrechtsunion führte. Es ging um die Gefahren des Mißbrauchs, den man bekanntlich nicht ausschließen kann, ohne das Prinzip aufzugeben. *Der springende Punkt ist der: Die Existenz einer Bür-*

Elsa Lindenberg,
Reichs zweite Frau

gerrechtsunion, die mühsam und tapfer gegen den politischen Irrationalismus kämpft, bestätigt ja gerade, daß die Wahrheit nicht das gleiche Recht wie die Lüge hat. Ich sähe die Dinge lieber umgekehrt: es sollte eine «Vereinigung für die Freiheit von Lüge und Rassenhaß» geben, die sich gegen unerschütterlich etablierte Bürgerrechte zu verteidigen hätte[231], schreibt er dort.

Nach wie vor aber stand für Reich fest: *Die Freiheitsunfähigkeit der Menschenmassen ist nicht naturgegeben. Die Menschen ... können ... prinzipiell freiheitsfähig werden.*[232] Politische Systeme jedoch hielt er grundsätzlich für ungeeignet, einer Gesellschaft zur sozialen Selbstregulierung zu verhelfen. Während des Krieges hatte er noch die Hoffnung, *daß die Weltkatastrophe ein Stadium erreichen wird, in dem die Menschenmassen gezwungen sein werden, sich selbst in ihrem gesellschaftlichen Verhalten zu durchschauen, sich selbst umzuwandeln und die schwere Bürde der gesellschaftlichen Verantwortung selbst zu übernehmen.*[233] Seine Arbeit im Exil ab 1934, von der noch berichtet wird, sah er in diesem gesellschaftlichen Kontext: *Wir können als Wissenschaftler derzeit nichts Besseres tun, als alles für die Zeit vorzubereiten, wo der große Umbruch kommt ... Wir müssen parat und gerüstet sein, wenn eine rationelle Ordnung des Lebens uns anfordern sollte ...*[234] In den letzten Kriegsjahren zog er jedoch auch in Betracht, *daß die alten Illusionen weiter bestehen bleiben ... daß die formalen Freiheiten, die formalen Freuden und die formale Demokratie in kurzem neue Diktaturen und einen neuen Krieg gebären werden.*[235] Reich ahnte noch nichts von den Atomwaffen und der «Frieden» stiftenden Wirkung des Overkill.

Die geringen Chancen eines «großen Umbruchs» bei Kriegsende waren Reich natürlich bewußt. Er rechnete damit, daß man aus dem authentischen Faschismus keine radikalen Lehren ziehen, ihn eher wie einen Alptraum «bewältigen» würde und weitermachen wie eh und je; deshalb faßte er nun den Begriff «Faschismus» wesentlich weiter als zuvor: *Der Faschismus wird auch heute noch ... als eine spezifische Nationaleigenschaft der Deutschen oder der Japaner aufgefaßt ... Der Faschismus ist eine internationale Erscheinung, die sämtliche Körperschaften der menschlichen Gesellschaft aller Nationen durchsetzt.*[236] Auch der Tendenz zur Personalisierung des Faschismus wollte Reich entgegenwirken, der schaudernden Faszination angesichts des «Dämonischen» der Person Hitlers, der humanen Empörung über seine «Monstrosität», der wissenschaftlichen Analyse seiner wie auch immer diagnostizierten «Geisteskrankheit». Das alles, aber auch die Freisprechung der Massen, indem man ihnen Ungebildetheit und materielle Not anrechnete, sah Reich als *Aus-*

Reich 1934 in Sletten mit Elsa Lindenberg und den Töchtern Eva und Lore

weichen vor dem Wesentlichen an. *Der Faschismus wird noch immer ... als die Diktatur einer kleinen reaktionären Clique aufgefaßt* ... Er ist aber ... *der politisch organisierte Ausdruck der durchschnittlichen menschlichen Charakterstruktur ... Als politische Bewegung unterscheidet er sich von anderen reaktionären Parteien dadurch, daß er von Menschenmassen getragen und vertreten wird*[237], schrieb Reich 1943.

Hatte Reich in den dreißiger Jahren noch Hoffnung in die Möglichkeiten der politischen Aufklärung gesetzt, wenn man nur an den konkreten Bedürfnissen der Massen anknüpfte (wie es die Sex-Pol versucht hatte), so änderte er seine Auffassung über die Massen in den vierziger Jahren angesichts der Erfolge von Faschismus und Stalinismus entscheidend. *Die Kluft zwischen ihrer Fähigkeit zu hoffen und ihrer Fähigkeit zu handeln*[238] sei, so meinte er, viel größer, als er angenommen hatte.

Für Reich nahm um 1950 das Problem der conditio humana, das ist hier die Neurosenprophylaxe, noch tiefere Dimensionen an als bisher. Die Kontinuität von fünf Jahrtausenden patriarchalischer Kulturgeschichte, geprägt durch Gottes- und Personenkulte sowie Massenmordorgien, war mit Faschismus und Stalinismus ungebrochen. Doch warum, so fragte Reich, waren nicht wenigstens jenen, die eine solche Vergangenheit nicht mit Stolz und Ehrfurcht erfüllt, die jüngsten Ereignisse eine unübersehbare Mahnung gewesen, daß diese Kontinuität um des Überlebens willen gebrochen werden muß? Reich, schärfster Gegner mechanistisch-mystizistischer Weltauffassung, konnte die gesellschaftliche Manifestation des Irrationalen weder als rationaler Betrachtung unzugänglich noch pseudorational als «historische Notwendigkeit» ausklammern. Alles irrational Erscheinende mußte letztlich eine rationale Funktion haben.

Das Problem ist nicht, warum es eine Wahrheit über die Dinge gibt, sondern, warum sich diese Wahrheit nicht durchsetzen kann ... Es muß irgendeine entscheidende Wahrheit unterschiedlicher Art geben, die die Durchsetzung der eigentlichen Wahrheit verhindert. Wir nennen sie die Gegenwahrheit.[239]

Am Individuum hatte Reich ein prinzipielles Verständnis der rationalen Funktion irrationaler Erscheinungen gewonnen. Die Bildung des Charakterpanzers ist eine rationale Funktion; inwieweit sich daraus irrational erscheinende Konsequenzen ergeben, hängt ganz allgemein von Umwelteinflüssen ab. *Ob der Mensch ein soziales Wesen oder ein merkwürdig vernunftlos reagierender Protoplasmahaufen ist, hängt davon ab, ob seine biologischen Grundbedürfnisse in Einklang oder in Widerspruch stehen mit den Einrichtungen, die er sich geschaffen hat.*[240] Die Tatsache jedoch, daß die gesellschaftlichen Institutionen der patriarchalischen Kulturen trotz allen Wandels über Jahrtausende hinweg stets im Widerspruch zu den biologischen Grundbedürfnissen gestanden haben, sei nicht ernst genug zu nehmen. Die verborgene Rationalität dieses Prozesses komme selbst noch in den Hoffnungen auf eine Lösung dieses Widerspruchs zum Ausdruck, die wirklich ernsthaft niemand wolle. *Alles, was zählt, ist das Hoffen selbst, der Kitzel der Hoffnung ...*[241] Von welcher Seite man sich dem Problem auch immer nähert, stets stößt man auf paradoxe Situationen, die letztlich alle, wie sich zeigen ließe, in dem Urparadoxon der Lustangst (s. Masochismusproblem) wurzeln.

In seinem Buch *Christusmord* (1953), das unter anderem dieses komplexe Thema behandelt, benutzt Reich das Bild einer Falle, um die Situation der Menschheit seit dem «Sündenfall» zu kennzeichnen. Alle bisherigen Bemühungen des Menschen, Klarheit über sich selbst zu erlangen, hätten *unter dem Alpdruck vergeblichen Suchens* gestanden, und zwar aus dem einfachen Grund: *Es hat wenig Sinn, Denksysteme über das Wesen der Falle zu entwerfen, wenn das einzige, was man zu tun hätte ... darin besteht, daß man ihren ... Ausgang findet. Alles andere hat überhaupt keinen Sinn: Hymnen darüber zu singen, wie sehr man in der Falle leidet ... Gedichte über die Schönheit der Freiheit außerhalb der Falle zu schreiben ... die Wände der Falle in allen Einzelheiten zu studieren ... ein Leben außerhalb der Falle nach dem Tode zu versprechen ...oder sich zu einem semper ignorabimus zu bekennen ...* Das am schwersten Verständliche und Tragischste jedoch sei: *Der Ausgang ist für alle ... deutlich sichtbar, und dennoch scheint niemand ihn zu sehen. Jedermann weiß, wo der Ausgang ist, und dennoch scheint niemand auf ihn zuzugehen. Mehr noch: wer immer auch auf den Ausgang zugeht oder auf ihn zeigt, wird für verrückt erklärt ... Sobald einer ... versucht, ins Freie zu gelangen, schlagen sie ihn tot. Nur ganz wenige schlüpfen in dunkler Nacht, wenn alles schläft, aus der Falle heraus ... Es zeigt sich, daß das Problem nicht die Falle ist ... Das Problem liegt bei denen, die in der Falle sitzen ... Die Falle ist die emotionale Struktur des Menschen, seine Charakterstruktur.*[242]

Die «Kinder der Zukunft»

An den Anfang des *Christusmord* stellte Reich die Frage Rousseaus: «Der Mensch wird frei geboren, und dennoch liegt er in Ketten ... Wie kam es zu dieser Veränderung?» Reich wußte zwar eine Antwort auf diese Frage; er wußte, wodurch die *physiologische Verankerung der Unfreiheit* in jedem einzelnen erzeugt wird; aber er wußte nicht, wie die so stabile historische Kontinuität dieses Prozesses gebrochen werden könnte. Was auf den ersten Blick als Aporie der Theorie eines Esoterikers erscheint, wird unversehens jedoch, dem Umschlagen einer geometrischen Kippfigur gleich, als Aporie der Praxis einer ganzen Kultur kenntlich – so deutlich nur «dank» der Entwicklung moderner Waffentechnik. Entschuldigungen indes hätten keinen Adressaten. *Daß eine alte gesellschaftliche Entwicklung daran schuld ist, ändert nichts an dieser Tatsache; wir können keine «historischen Entwicklungen» an Stelle der lebendigen Menschen verantwortlich machen.*[243]

Obwohl Reich sich keine Illusionen mehr über die Chancen wirklichen gesellschaftlichen Wandels machte, behielt er stets einen Rest an Optimismus. So leitete er 1950 ein langfristig konzipiertes Forschungsprojekt ein, das er *Die Kinder der Zukunft* nannte. Dabei sollten präzisere Kenntnisse über den Prozeß der Charakterbildung bei solchen Kindern gewonnen werden, denen die Fähigkeit zur Selbstregulierung nicht erzieherisch zerstört wird. Mehr Wissen über die Merkmale des gesunden Kindes sollte parat sein, falls doch einmal, aus welchen Gründen auch immer, Interesse dafür entstünde.

Freiheit und Gesundheit waren für Reich untrennbar und brauchten «eigentlich» nicht erkämpft zu werden. *Was errungen werden muß, ist die Beseitigung aller Hindernisse der Freiheit*[244], die auf Grund historischer Entwicklung nun einmal existieren. *Die kommenden Generationen der Neugeborenen müssen unter allen Umständen und mit allen Mitteln vor der Beeinflussung durch die biologische Versteifung der alten Generation bewahrt werden ...*[245] *Es hat wenig Sinn, hier in Details zu gehen. Jede Einzelmaßnahme wird sich spontan ergeben, wenn nur der Grundsatz der Sexualbejahung und des gesellschaftlichen Schutzes der kindlichen und jugendlichen Sexualität festgehalten wird.*[246]

Das aber ist nur das Kernstück dessen, was Reich von der erwachsenen Generation in allen Lebensbereichen erhoffte; es geht in seiner Konkretheit weit über die letztlich scheinradikale Forderung nach «rücksichtsloser Kritik alles Bestehenden» (Marx) hinaus: *Lassen wir die Kinder selbst über ihre Zukunft entscheiden! Unsere Aufgabe besteht darin ... ihre natürliche Fähigkeit dazu nicht zu zerstören ... Wir müssen von ihnen lernen statt ihnen unsere verqueren Ideen und bösartigen Praktiken aufzuzwingen ... Wir können unseren Kindern nur so genau wie möglich sagen, wo und wie wir gescheitert sind ...*[247]

Für diese Thematik, jüngst von Alice Miller in ihrem Buch «Am Anfang war Erziehung» neu aufgeworfen, ist das Interesse noch immer relativ gering, aber sicher größer als 1926 (!), als Reich die wesentlichen Gedanken dazu erstmals formulierte: in seinem Aufsatz *Eltern als Erzieher – Der Erziehungszwang und seine Folgen.*

Die zu verhindernde Zerstörung von Gesundheit und Freiheitsfähigkeit eines Menschen setzt jedoch in der Regel schon eher und wirksamer ein: *Die Destruktivität des gepanzerten gegen das ungepanzerte Leben läßt sich an der Haltung der Mehrzahl der Pflegepersonen gegenüber neugeborenen Kindern beobachten.* Auf die mit «Hygieneforderungen» begründete Brutalität der modernen Geburt und der Behandlung danach reagiert das Neugeborene *zuerst mit Angst, dann mit Schreien und schließlich mit Kontraktion seines Lebenssystems, der ersten Kontraktion seines Lebens, wenn nicht schon vorher ein toter Uterus seinen Organismus geschädigt hat.*[248]

Die fatalen Folgen der normalen Geburt im Krankenhaus wurden in den letzten Jahren in vielen westlichen Ländern heftig diskutiert. Prominentester Pionier einer «sanften Geburt» ist neben Frédérick Leboyer der französische Geburtshelfer Michel Odent, der sich auf Reich beruft: «Vegetotherapeuten sind wir, wenn wir die Lust in den Entbindungssaal einlassen ... Weil wir Vegetotherapeuten sind, sind wir Revolutionäre ... Das Leben ändern heißt zunächst einmal ändern, wie man geboren wird.»[249]

«Revolutionär» ist Reich zeitlebens geblieben, aber einer von singulärer Prägung. Anarchist im geläufigen Sinn war er nicht, weil er die Freiheitsunfähigkeit der Zeitgenossen nicht unterschätzte. Marxist aber in dem Sinne, daß er an eine gesetzmäßige historische Entwicklung zu einer anarchischen Ordnung glaubte, die es nur zu unterstützen gelte, konnte er spätestens ab 1935, nach Stalins und Hitlers Massenerfolgen, nicht mehr sein. Diese hatten Millionen mobilisiert, während Reich, der eine realistische Utopie anbot – keine bloße «Idee» mehr, sondern erstmals ein naturwissenschaftlich, das heißt psychosomatisch fundiertes Konzept einer freien Gesellschaftsordnung –, nicht einmal in Kollegenkreisen oder in nennenswerten Intellektuellenzirkeln Gehör fand.

In dieser schmerzlichen Situation, in deren Ursachen ja gerade er selbst sehr tiefe Einsicht hatte, entschied sich Reich, durch eigene experimentelle Arbeiten die naturwissenschaftliche Begründung seiner Theorie auszubauen, das heißt: *alles für die Zeit vorzubereiten* ...

Der Weg zur Orgonomie

Seit seinem Eintritt in die Psychoanalytische Vereinigung hatte Reich gegen deren starke Tendenz zur «Vergeistigung» der Psychoanalyse angekämpft. Immer wieder betonte er, was er für das Hauptverdienst seines Lehrers hielt: ... *daß, während die Physiologen gegen die Theorie einer Psychogenie der Neurosen auftraten und vergebens nach der somatischen Grundlage forschten, der medizinische Psychologe Freud den «somatischen Kern der Neurose» mit Hilfe einer psychologischen Methode entdeckte.*[250] Freuds ursprüngliche Kennzeichnung des Triebes als «Grenzbegriff zwischen Seelischem und Somatischem» (vgl. dazu Freud 1933: «Die Triebe sind mythische Wesen, großartig in ihrer Unbestimmtheit»[251]) war für Reich schon wichtigste Leitidee, als er über die somatische Seite noch wenig wußte. In seinem 1927 erschienenen Buch *Die Funktion des Orgasmus* sind jedoch bereits Hypothesen zu einer psychosomatischen Auffassung des Neurosenproblems zu finden. *In der konsequenten Verfolgung der Freudschen Lehre von der Aktualangst konnte ich die ursprüngliche Formel, Angst entstehe durch Umwandlung der Libido, dahin abändern, daß Angst ein Phänomen des gleichen Erregungsvorganges am vaso-vegetativen System ist, der am sensiblen System als sexuelle Lust empfunden wird.*[252]

Bis 1933 standen für Reich dann aber die Entwicklung der charakteranalytischen Technik und antifaschistische politische Arbeit im Vordergrund. Erst die «Muße» des dänischen Exils gab Reich Gelegenheit, die ihm relevant erscheinende Literatur aus Medizin, Physiologie und Biologie aufzuarbeiten, die er in den vergangenen Jahren nur hatte überfliegen und sammeln können. Mit der Charakteranalyse war Reich zudem an die Grenzen gestoßen, die einer psychologischen Methode gesetzt sind. Selbst mit ihr gelang es in vielen Fällen nicht, die orgastische Potenz des Patienten wiederherzustellen. Wieder waren es gerade die Mißerfolge, die Reich interessierten, denn als einzig vernünftigen Sinn seiner Tätigkeit sah er die Erarbeitung von Wissen für eine umfassende Neurosenprophylaxe an. *Wir konzentrieren uns also auf die individuelle Technik nicht, weil wir die individuelle Therapie allzu hoch einschätzen, sondern weil wir ohne eine gute Technik nicht die Einsichten gewinnen, die wir für das umfassendere Ziel ... brauchen.*[253]

Bevor Reichs weiterer Weg verfolgt wird, soll jedoch zur groben Orientierung ein kurzer Blick auf einige Exponenten zeitlich in etwa parallellaufender Entwicklungen der psychosomatischen Medizin geworfen werden.

Die Psychosomatiker

Eine der heute bekanntesten Schulen psychosomatischer Medizin wurde von Franz Alexander (1891–1964) begründet. Alexander hatte in den zwanziger Jahren zu denen gehört, die Freuds Todestriebtheorie noch spekulativ erweiterten. Er postulierte, mit Theodor Reik, ein ursprüngliches «Strafbedürfnis», als dessen Auswirkung er sowohl Neurose als auch kriminelles Verhalten ansah. Es ging also wieder um die Frage eines primären Masochismus, dessen Existenz, wie Alexander in einer Erwiderung auf Reichs Kritik schrieb[254], von Freud «bewiesen» sei. Alexander bekam 1930 einen Lehrstuhl für Psychoanalyse an der Universität Chicago. Seine dort entwickelte psychosomatische Krankheitslehre ist stark vom amerikanischen Pragmatismus beeinflußt.

Tiefgründig-deutsch hingegen, durch die «Südwestdeutsche Philosophie» Windelbands geprägt, ist die psychosomatische Medizin, die Viktor

Viktor von Weizsäcker

Franz Alexander

von Weizsäcker (1886–1957) begründet hat. Er fand die Psychoanalyse erst akzeptabel, als die Todestriebtheorie fest etabliert war. Seine Arbeiten, die Innere Medizin und Psychoanalyse zu verbinden suchten, fanden die Anerkennung Freuds. Reich hat sich nicht zu diesen Arbeiten geäußert; beiläufig aber und ohne explizite Begründung bezeichnete er Weizsäcker, der von 1933 bis 1945 in Deutschland unangefochten auch philosophische Schriften publizierte, etwas undifferenziert als Faschist.[255] Auf welche Weise er es nicht war, zeigt beispielhaft eine Episode, die er in seiner Autobiographie «Natur und Geist» (!) unbekümmert mitteilt: Einer der Anführer der NS-Studenten, die in Heidelberg auch Freuds Bücher verbrannten – später übrigens Weizsäckers Klinikdirektor –, bat ihn, seinen Lehrer, um seine Meinung zu den Vorgängen. «Wenn man schon diesen mittelalterlichen Brauch auffrischen wolle», meinte der Professor, «dann käme für mich nur die Schrift Freuds in Betracht, in der er seine Leugnung Gottes psychoanalytisch begründet.»[256]

Wie Weizsäcker, so waren auch andere Persönlichkeiten der deutschen psychosomatischen Medizin, zum Beispiel Ludolf von Krehl, Gustav von Bergmann und Richard Siebeck, stark «geisteswissenschaftlich-theologisch» orientiert. Deren Kernthese «Leiden ist Reifung» war für Reich weniger tiefe ärztliche Weisheit, sondern primär Kurzformel ihrer sadomasochistischen Lebensideologie. Da diese Tradition heute dominiert, überrascht es wenig, wenn in den neuesten Kompendien der psychosomatischen Medizin[257] ein Name fast völlig fehlt: Friedrich Kraus – und gerade an dessen Arbeiten knüpfte Reich 1934 an.

Der Internist Friedrich Kraus (1858–1936) war in der medizinischen Zunft eine Ausnahme, wenn auch kein Außenseiter. Der temperamentvolle Bauernsohn war areligiös, nicht nationalistisch, ohne militärischen Rang und weder anti- noch philosemitisch; doch schon bevor er 1902 als Direktor an die Berliner Charité – bis 1933 ein «Mekka» für Mediziner aus aller Welt – berufen wurde, hatte er in der Fachwelt einen großen Namen. Schüler und Kollegen berichten in ihren Memoiren durchweg von seiner Genialität als Theoretiker und von seinem Format als Kliniker und Lehrer. Er habe die «Spannkraft eines Titanen»[258] besessen; sei nicht nur in der Medizin, sondern auch in Physik, Chemie, Biologie und Philosophie «zu Hause gewesen wie nur ein Fachmann»[259]. Er habe, so liest man, für die Medizin «das eigentliche Programm für das Jahrhundert niedergelegt», sein Ansatz enthalte «alle Elemente einer umfassenden psychosomatischen Theorie»[260].

Kraus ist offensichtlich in unerreichbare Höhen weggelobt worden. Der Grund dafür – und hier stellt sich ein Zusammenhang mit den oben angedeuteten, oft dem «privaten» Bereich zugeordneten Ideologien her – liegt darin, daß das Kraussche naturwissenschaftliche Konzept mit geisteswissenschaftlich-theologischen Konzepten vom Menschen unvereinbar ist.

Friedrich Kraus

Als Reich ihm 1935 das Ergebnis seiner theoretischen Synthese, von der gleich die Rede sein wird, zusandte, bekam er von dem siebenundsiebzigjährigen Kraus eine anerkennende Antwort.[261]

Reichs Synthese

1927 hatte Reich das Buch von Kraus über die «Tiefenperson»[262], einen speziellen Teil seiner «Klinischen Syzygiologie» (Zusammenhangslehre), kurz nach dessen Erscheinen begeistert besprochen: *Die «Nässetheorie des Lebens», die der Autor mit einer Fülle von Belegen aus den verschiedensten naturwissenschaftlichen Gebieten entwickelt, gehört zu den interessantesten und einleuchtendsten Erörterungen auf biologischem Gebiet ... Der neue ... höchst fruchtbare Kerngedanke ... ist die Idee einer die «Tiefenperson» ausmachenden «vegetativen Strömung»* ... In ihr erkannte Reich *unschwer einen Ausdruck dessen, was man in der Psychoanalyse «somatische Libido» nennt.*[263]

Erst 1934 jedoch befaßte sich Reich systematisch mit der Krausschen Theorie. Nach wie vor schien sie ihm als einzige die *Erscheinungen und Funktionen der lebendigen Substanz zu einer einheitlichen Grundauffas-*

sung zu vereinen. Daß sie in Fachkreisen umstritten war, zählte für Reich nicht sonderlich. *Sich selbst ein fachliches Urteil über neue Theorien aus fremden Spezialgebieten zu bilden, ist meist unmöglich ... Wenn aber verschiedene Disziplinen unabhängig voneinander, ohne Ahnung der Konsequenzen ihrer Forschung, ohne Vorsatz, einander je zu begegnen, immer mehr nach einem bestimmten Punkte zu konvergieren scheinen, über den Konvergenzpunkt in der Problematik ähnliche oder gar gleiche Anschauungen entwickeln, wenn schließlich bestimmte Probleme sich nur unter der Berücksichtigung zweier oder dreier autonomer Anschauungen lösen, und nicht unter Zuhilfenahme irgendwelcher beliebig anderer, dann zweifeln wir nicht, daß diese Theorien, und nicht die heuristisch wertlosen isolierten, die größere Wahrscheinlichkeit für sich haben.*[264]

Reich selbst hatte seine klinischen Erfahrungen auch in Hinsicht auf die Erhellung des Libido-Angst-Problems erweitern können. Auf Grund der neuen charakteranalytischen Technik konnte er oft *in den analytischen Sitzungen unmittelbar den Wechsel von genitaler und cardialer Erregung, von Sexualempfindung am Genitale und ängstlicher Empfindung in der Herzgegend, beobachten*[265]. Das waren nur die deutlichsten aus einer Fülle von Beobachtungen, die Reich den Schluß ziehen ließen, bei Sexualerregung und Angst handele es sich um ein und dieselbe Erregung, die jedoch einmal zur Peripherie und das andere Mal zum Zentrum (Stauung!) des Organismus «gerichtet» ist; sie ließ sich als die «vegetative Strömung» Kraus' interpretieren. Sexualerregung und Angst stehen hier als Extrem von Lust und Unlust; ebenso wie jene seien aber auch alltägliche Schwankungen des Wohlbefindens ... *nicht «Ausdruck», nicht «Folge», auch nicht «Begleiterscheinung»... sondern unmittelbare innere Wahrnehmung des Vorganges, mit ihm funktionell identisch*[266].

Die bestehenden Leib-Seele-Konzepte befand Reich als den organismischen Funktionen inadäquat: *Die Dynamik der sogenannten seelischen und körperlichen Erscheinungen wollen wir als funktionelle psychophysische Identität zusammenfassen... Wir werden... zu beweisen versuchen, daß die uns erschließbaren körperlichen und seelischen Grundfunktionen in den das Leben darstellenden Elementen vollkommen identisch sind, und daß sie unter bestimmten Bedingungen und Voraussetzungen einander als gegensätzlich wirkende Funktionen gegenübertreten, somit zu einer funktionellen, antagonistischen Zweiheit werden können*[267]. Gerade in seiner Methodik unterschied sich Reich hier von anderen, die auch von der Psychologie der Sexualität zu ihrer Physiologie vorzudringen versuchten (Ferenczi, Felix Deutsch, Groddeck u. a.), dabei aber die psychoanalytische Methode der Deutung (z. B. Geschlechtsakt: Mutterleibsregression) beibehielten. Reich hingegen bestand darauf, *daß physiologische Grundfunktionen nicht psychologisch gedeutet werden können. Nur die Störungen solcher Funktionen können psychogen sein*[268].

1927 hatte Reich die orgastische Funktion phänomenologisch erfaßt und Beziehungen zum vegetativen System hergestellt. 1934 konnte er eine Reihe bisher nur registrierter Details ihres gestörten und ungestörten Ablaufs *einheitlich unter der Annahme fassen, daß der Orgasmus eine elektrische Entladung darstellt*[269]. Dieses erweiterte Konzept des Orgasmus, in dem auch der Unterschied zwischen Vorlust (Spannungslust) und Endlust (Entspannungslust) aufging,kondensierte Reich zur sogenannten Orgasmusformel: mechanische Spannung – elektrische Ladung – elektrische Entladung – mechanische Entspannung. *Die orgastische Impotenz ... wäre somit ein Zeichen nicht der mechanischen Spannungsstörung (der die erektive Impotenz entspräche), sondern der elektrophysiologischen Kontakt-, Lade- und Entladungsstörung.*[270]

Diese Auffassung fügte sich nahtlos in die Theorie von Kraus ein, der geschrieben hatte: «Im Biosystem der Person sehe ich ein Erregungssystem, eine relaisartige Auslösevorrichtung, einen auf Ladung (Arbeitsspeicherung) und Entladung eingerichteten Apparat.» Das Kraussche Konzept, bei dem die elektrolytischen Vorgänge im Bereich der «Tiefenperson» (die «Kortikalperson» ist sekundär) Grundlage des Lebensprozesses sind, beschreibt nach Reich das gleiche, das er dem Orgasmus zugrunde legte: *Verwandlung mechanischer Spannung in elektrische Ladung ... und Verwandlung der elektrischen Entladung in mechanische Entspannung ... Der Orgasmus wäre somit der potenzierte Spezialfall allgemeiner vegetativer Strömung.*[271]

Nachdem Reich diese Zusammenhänge hergestellt hatte, bezeichnete er den Orgasmus als *eine elementare Erscheinung aller Lebewesen*[272]. Heute spricht man von «systembedingten» Aufladungsvorgängen auf zellularer Ebene, die sich «spontan» entladen; die aber, obwohl als Ursache der autonomen Bewegung aller Lebewesen erkannt, in Biologiebüchern nur am Rande erwähnt werden.

Von den Entwicklungen, die Reich sich auf einen «Konvergenzpunkt» zubewegen sah, können hier nur noch die wichtigsten stichwortartig genannt werden.

Zunächst ist auf die Weiterentwicklung der Reichschen Therapietechnik zur sogenannten Vegetotherapie hinzuweisen, die ab 1933 in enger Verflechtung mit seinen theoretischen Arbeiten und seiner ab 1935 einsetzenden experimentellen Tätigkeit erfolgte.

Käthe Misch, Schülerin Reichs, und Walter Misch hatten den experimentellen Nachweis erbracht, daß Cholinpräparate «nicht nur das somatische Angstsyndrom, sondern auch das psychische Erlebnis der Angst schlagartig beseitigen»[273], waren aber, im Gegensatz zu Reich, nur an den chemotherapeutischen Aspekten ihres Fundes interessiert.

Max Hartmann, Biologe am Dahlemer Kaiser-Wilhelm-Institut, hatte 1932 nachgewiesen, daß Sexualität eine Eigenschaft aller Lebewesen ist; *daß nicht die Sexualität eine Funktion der Fortpflanzung ist, sondern umgekehrt die Fortpflanzung eine Funktion der Sexualität*[274]; daß Sexualität also nicht als unerwünschte Beigabe oder «Lustprämie» zur Erhaltung der Art angesehen werden könne.

Kraus und Samuel Zondek hatten durch Versuche an lebenden Objekten nachgewiesen, *daß die Funktionen des autonomen Nervensystems* (d. i. das vegetative; von Kraus auch «viszerales Gehirn» genannt) *durch chemische Stoffe nicht nur angeregt oder herabgesetzt, sondern vielmehr ersetzt werden können.*[275]

Kraus hatte den *durchaus konsequenten Gedanken* gefaßt, *daß das Nerv- und Muskelsystem ein «Syzygium» bildet, eine im Zusammenhange funktionierende Einheit... daß der Tonus der Muskulatur nicht Ausdruck irgendeines mysteriösen Nervenfluidums, sondern plasmatischer Elektrolytturgor ist*[276].

L. R. Müllers Sammelwerk «Die Lebensnerven» (1930) hatte die neuesten Erkenntnisse über das vegetative Nervensystem zusammengefaßt, die seither übrigens nicht wesentlich erweitert werden konnten.

Der Grund für die Unergiebigkeit der aufwendigen Forschung auf diesem Gebiet – wie auch in der psychosomatischen Medizin, zum Krebsproblem und den Biopathien (s. u.) überhaupt – war für Reich der gleiche, den er bei der Entwicklung der Psychoanalyse ab 1920 wirksam sah. Moderne Texte bestätigen das: «Ob die Geschlechtsorgane nur der Reproduktion dienen, wie das zumeist stillschweigend angenommen wird, oder ob sie auch für die Steigerung der Lebensfreude und weitere Aufgaben entwickelt worden sind, ist eine Frage, deren Beantwortung wir den Philosophen und Psychologen überlassen müssen; wir möchten sie hier immerhin stellen», schrieb 1973 der – offenbar mutige – Autor eines dreibändigen Werkes über das vegetative Nervensystem. Und er fügt hinzu, daß jährlich etwa 10000 Veröffentlichungen zum Thema erscheinen, von denen die meisten «zwar mit äußerst raffinierter Technik spezielle Aspekte des hormonellen Geschehens erforschen ... Die Rolle des vegetativen Nervensystems (wird) jedoch kaum beobachtet, im allgemeinen nicht einmal erwähnt, geschweige denn untersucht.»[277] Nur wenig sei gesicherte Erkenntnis.

«Funktionelle Definitionen des vegetativen Nervensystems sind unbefriedigend; zahlreiche Ausnahmen fügen sich nicht zu einem starren Schema»[278], lautet noch die heutige Auffassung zu diesem alten Problem. In Reichs Konzept der *funktionellen Identität und Gegensätzlichkeit*, das einen funktionellen Gegensatz zwischen vegetativem Zentrum und vegetativer Peripherie annahm, *entpuppte sich die anscheinend widerspruchsvolle Innervation als durchweg gesetzmäßig und verständlich.*[279] *Die Leistung meiner sexualökonomischen Theorie lag nicht darin, neue Tatsachen in diesem Bereiche aufgedeckt zu haben, sondern zunächst nur darin, allgemein bekannte Innervationen auf eine allgemein gültige biologische Grundformel zurückgeführt zu haben ... Diese Vereinheitlichung führte zur Erschließung neuer Tatsachen.*[280]

Eigene elektrophysiologische Versuche

Bis 1934 hatte ich nur meine klinische Theorie, die auf sexualökonomischem Gebiet gewonnen war, auf allgemeines biophysiologisches Tatsachengebiet angewendet. Damit war kein Abschluß der Arbeit gefunden. Im Gegenteil, nun schien erst recht alles auf den experimentellen Nachweis der Korrektheit der Orgasmusformel hinzudrängen.[281]

Die Möglichkeit, das heißt die apparative Ausstattung zur Durchführung der geplanten Experimente, wurde Reich Ende 1934 von Professor Schjelderup, Psychologe an der Universität Oslo, angeboten. Als Gegenleistung sollte Reich Charakteranalyse lehren. Er verließ sein dänisches Exil und begann Anfang 1935 mit den Versuchen, die etwa zwei Jahre dauerten.

Den Versuchsreihen lag Reichs Hypothese vom *Urgegensatz des vegetativen Lebens* zugrunde. Der zentrifugal oder zentripetal gerichteten vegetativen Strömung entsprachen die beiden psychischen Tendenzen «zur Welt» und «weg von der Welt» und *entsprechend der Tiefe geordnet... die beiden Funktionsreihen: Lust – Unlust, Sexualität – Angst, Vagus – Sympathikus, Kalium – Kalzium, Lezithin – Cholesterin, Cholin – Adrenalin, OH-Ionen (quellungsfördernde Basen) – H-Ionen (wasserentziehende Säuren)*, letztlich auf funktioneller Ebene: *Expansion – Kontraktion.*[282]

Bei der Interpretation der Meßergebnisse – gemessen wurden Potentialdifferenzen und -schwankungen verschiedener Hautzonen, besonders der erogenen, unter ausgewählten Stimuli – spielte dieses Konzept eine entscheidende Rolle. Ähnlich wie bei den vegetativen Innervationen kam Reich auch hier zu dem Schluß, *daß die elektrische Hautfunktion nicht lokal, nicht abgegrenzt, sondern einzig im Zusammenhang mit der bioelektrischen Gesamtfunktion des Organismus zu begreifen ist.*[283] Nichtbeachtung der Erogenität der Haut und isolierte Betrachtungsweise aber kennzeichneten, wie Reich bei der Diskussion der Fachliteratur feststellte, alle bisherigen Arbeiten auf diesem Gebiet.

Die Versuchsergebnisse bestätigten Reichs Orgasmusformel, den Viertakt «Quellung-Ladung-Entladung-Entquellung». Sie besagten, *daß eine Flüssigkeitsfüllung oder Quellung in einem Organ allein noch nicht ausreicht, um das vegetative Organempfinden der Lust zu vermitteln.* Es *muß eine Erhöhung der bioelektrischen Ladung hinzutreten ... Die psychische Intensität der Lustempfindung entspricht der physiologischen Quantität des bioelektrischen Potentials.*[284] Das Phänomen der «kalten Erektion» bei zwar erektiver, aber nicht orgastischer Potenz des Mannes wurde objektiviert.

Auch Reichs Grundannahme wurde bestätigt: *Die sexuelle Erregung ist ... funktionell identisch mit bioelektrischer Aufladung der Peripherie des Organismus ... Alle anderen Affekte, wie Unlust, Ärger, Angst, Druck, sind dem energetisch entgegengesetzt ...*[285]

Der Hafen von Oslo

Ein weiteres wichtiges Ergebnis der Versuche bezieht sich erstens auf den Zusammenhang mit der Charakteranalyse bzw. Vegetotherapie und zweitens auf Probleme bei ihrer Wiederholung: *Affektgesperrte und vegetativ erstarrte Menschen ... geben keine oder nur sehr schwache Reaktionen ... Die Auffindung der elektrischen Schwankungsphänomene fordert daher die Wahl geeigneter Versuchspersonen.*[286]

Hatte sich die Haut somit als Organ der *vegetativen Peripherie* erwiesen, blieb noch *die Frage nach der Lokalisation des vegetativen Zentrums*, der *Quell- und Rückzugsgebiete der bioelektrischen Energie. Unsere zunächst hypothetische Antwort lautet: Es ist der Ganglienplexus des vegetativen Nervensystems, vor allem der plexus coeliacus, plexus hypogastricus und der Frankenhäusersche Genitalplexus.*[287]

Vegetotherapie

Die Weiterentwicklung der Charakteranalyse zur Vegetotherapie wäre ohne die in den beiden letzten Abschnitten genannten Arbeiten Reichs und vor allem ohne sein Festhalten am Therapieziel der orgastischen Potenz kaum möglich gewesen.

Noch in psychologischer Terminologie hatte Reich 1932 formuliert: *Jede Charakterformation erfüllt ... zweierlei Funktionen: erstens die Panzerung des Ichs gegen die Außenwelt und die eigenen Triebansprüche; zweitens, ökonomisch, die Aufzehrung der durch die Sexualstauung erzeugten Überschüsse an sexueller Energie, also im Grunde die Bindung der ständig neu produzierten Angst.*[288] Dem Verständnis dieser «Bindung» kam Reich ein großes Stück näher, als er 1933 in Kopenhagen einen Mann behandelte, dessen steife Hals-Nacken-Haltung besonders auffiel. *Durch einen scharfen Eingriff in seine Abwehr gab er mit einem Male in erschreckender Weise nach. Drei Tage lang war er von schweren vegetativen Schockerscheinungen geschüttelt. Die Gesichtsfarbe wechselte rasch von weiß über gelb zu blau. Die Haut war fleckig und verschiedenfarbig. Er litt an heftigen Nacken- und Hinterhauptschmerzen. Das Herz arbeitete rasch und angestrengt hypertonisch. Er hatte Darmdurchfall, fühlte sich müde und war wie ohne Halt ...*[289]

Ähnliche Symptome waren Reich geläufig gewesen, doch nicht in dieser eindrucksvollen Heftigkeit. *Affekte waren körperlich durchgebrochen, nachdem er in einer seelischen Abwehrhaltung nachgegeben hatte ... Als die Nackenmuskeln nachgaben, brachen mächtige Impulse, wie von einer Feder losgeschnellt, durch. Die abwechselnde Blässe und Röte des Gesichts konnte nichts anderes als hin- und herflutende Körperflüssigkeit sein ... Die Muskulatur ist in der Lage, Blutströmungen durch Spannungen zu behindern ... die Bewegung der Körperflüssigkeiten auf ein Minimum herabzusetzen.*[290]

Reich achtete von nun an besonders auf die körperliche Haltung seiner Patienten und deren mögliche Abwehrfunktion, wertete frühere Fälle unter diesem Gesichtspunkt aus und entwickelte eine Technik manueller Einflußnahme. *Die Durchbrüche der vegetativen Energie waren nun voller, besser erlebt, kräftiger, und sie erfolgten rascher. Dabei lösten sich die charakterlichen Bremsungen spontan.*

Die charakterlichen Panzerungen erschienen nun als funktionell identisch mit muskulärer Hypertonie. Reich hatte die Einheit seelischer und körperlicher Funktionen im Prinzip erfaßt und konnte sich diese Erkenntnis zunutze machen. *Reagierte eine charakterliche Bremsung auf psychische Beeinflussung nicht, so nahm ich die entsprechende körperliche Haltung zu Hilfe und umgekehrt.*[291]

Die Einfachheit des Prinzips erfordert jedoch eine hohe Qualifikation des Anwenders. Versteckt liegende hypertonische Muskelgruppen sind manchmal nur auf Grund minuziöser Details von gehemmten Bewegungsabläufen aufzuspüren. Das unerläßliche Einfühlungsvermögen des Vegetotherapeuten setzt bei ihm erst recht voraus, was Reich schon vom Psychoanalytiker gefordert hat: *Herstellung des genitalen Primats und eines befriedigenden Geschlechtslebens.*[292]

Hatte Reich mit der Charakteranalyse noch, wenn auch undogmatisch, die psychoanalytische Methode angewandt, so war die Vegetotherapie *ein Riesenschritt vorwärts*[293]. Zuvor hatte nur interessiert, was jemand als Kind verdrängt hatte, aber nicht, wie er es tat. Verdrängung galt als «psychischer» Akt. Reich, der jetzt mit dem Konzept der funktionellen Identität von Muskel- und Charakterpanzer arbeitete, meinte jedoch, daß in der frühen Kindheit *die körperliche Verkrampfung das wesentlichste Stück am Verdrängungsvorgang darstellt*[294]. Denn ausnahmslos alle Patienten hatten sich an Perioden erinnern können, in denen sie ihre Gefühlsregungen mit bestimmten Übungen vegetativen Verhaltens (Atem, Bauchpresse) zu unterdrücken lernten. In der Vegetotherapie ist es jedoch nicht mehr unbedingt nötig, diese Ereignisse auf *dem komplizierten Umweg über die psychischen Gebilde* zu eruieren. *Es überrascht immer wieder, wie die Lösung einer muskulären Verkrampfung nicht nur vegetative Energie entbindet, sondern darüber hinaus diejenige Situation in der Erinnerung reproduziert, in der die Triebunterdrückung sich durchgesetzt hatte ... Jede muskuläre Verkrampfung enthält die Geschichte und den Sinn ihrer Entstehung; sie ist ... die Form, in der sich das infantile Erlebnis als Schädigung erhält. Die Neurose ist nicht etwa nur der Ausdruck einer Störung des psychischen Gleichgewichts, sondern ... Ausdruck einer chronischen Störung des vegetativen Gleichgewichts ...*[295]

Die schon angesprochenen Störungen der Atmungsfunktion gewannen bald eine zentrale Bedeutung, denn: *Es gibt keinen neurotisch erkrankten Menschen, der nicht eine «Spannung im Bauch» aufweisen würde*[296] *... der imstande wäre, in einem Zuge tief und gleichmäßig auszuatmen.*[297] *Die Atmungsstörungen ... sind Folgesymptome der Bauchspannungen*[298], was mit der überragenden Stellung des Solarplexus, des «vegetativen Zentrums» also, zusammenhängt. Wie schon bei der Besprechung der orgastischen Potenz erörtert, wäre auch hier die Frage, ob der Therapeut tolerant oder intolerant sein soll oder kann, falsch gestellt. Er läßt den Patienten weder «frei» über seine Atemtechnik entscheiden noch verordnet er ihm eine; er bemüht sich um die Beseitigung ihrer Störungen, um *die vegetativen Affektregungen wieder frei zu bekommen.* Das ist, nebenbei, *das genaue Gegenteil ... des Yoga-Atemzeremoniells.*[299] An dieser Stelle zweigte von der Vegetotherapie eine wichtige Richtung Reichscher Forschung ab: *Der Zusammenhang zwischen der Exspirationshemmung der sympathikotonen Charakterneurotiker und der von Warburg entdeckten Atmungsstörung krebsiger Organe wurde der Ausgangspunkt für das sexualökonomische Studium des Krebses.*[300]

Obwohl über den Muskelpanzer hier nicht mehr gesagt werden kann, darf doch eines nicht unerwähnt bleiben: die Entdeckung des Orgasmusreflexes. Er (nicht der Orgasmus) läßt sich nach erfolgreicher Therapie als Indikator orgastischer Potenz durch eine spezielle Atemtechnik auslösen. Man kann dann beobachten, *daß eine Welle von Erregung und Bewegung vom vegetativen Zentrum über Kopf, Hals, Brust, Ober- und Unter-*

Wilhelm Reich mit Alexander S. Neill

bauch bis zum Becken und dann zu den Beinen abläuft.[301] Während zum Beispiel der schon zitierte Bürgi zur Erklärung der normalen Regulierung des vegetativen Nervensystems das Bild eines «Reiters, der mit Sporn und Schenkeln antreibt, zugleich aber mit Kreuz und Zügeln zurückhält»[302] benutzt, spricht Reich von «sexualökonomisch gesund», *wenn der Orgasmusreflex vollkommen einheitlich entwickelt ist . . . wenn der vegetative Organismus die Fähigkeit besitzt, einheitlich und total der Spannungs-Ladungs-Funktion zu folgen.*[303]

Alexander S. Neill, Gründer der Summerhill School in England, begegnete Reich 1937 in Oslo und unterzog sich der Vegetotherapie, «was bedeutete, daß ich nackt auf einem Sofa lag, während er meine steifen Muskeln bearbeitete. Er lehnte es ab, sich mit Träumen zu befassen. Es war eine anstrengende und oft auch schmerzhafte Therapie, aber innerhalb weniger Wochen fand ich mehr emotionale Befreiung, als ich je bei Lane, Maurice, Nicoll oder Stekel gefunden hatte».[304] Neill blieb übrigens bis zu Reichs Tod einer seiner wenigen engen Freunde.

Abschließend sei noch erwähnt, daß die Vegetotherapie in den siebziger Jahren in den westlichen Ländern eine gewisse Popularität erlangte, allerdings in der modifizierten und «amerikanisierten» Version der sogenannten bioenergetischen Analyse des Reich-Schülers Alexander Lowen. Auch andere moderne Therapieformen, wie zum Beispiel die von Fritz Perls oder Arthur Janov begründeten, sind ebenfalls mehr oder weniger von Reich beeinflußt. «Orthodoxe» Reichsche Therapie, ab 1940 Orgontherapie genannt, wird heute hauptsächlich in Nordamerika praktiziert.

Biologische Pulsation

Wenn Reich ab 1936 sein Interesse auch mikroskopischen Lebewesen zuwandte, so lag das am Wesen der Sexualität, die, wie Max Hartmann nachgewiesen hatte, Eigenschaft aller Lebewesen ist. *Im Zentralphänomen, dem sexuellen Orgasmus, treffen sich Fragestellungen aus dem Gebiet der Psychologie ebenso wie dem der Physiologie, aus dem der Biologie nicht minder wie dem der Soziologie. Es gibt in der Naturwissenschaft kaum ein zweites Forschungsfeld, das derart geeignet wäre, die Einheitlichkeit des Lebendigen darzubieten und vor engem, trennenden Spezialistentum zu bewahren.*[305]

In der Theorie hatte Reich die Orgasmusformel, die durch die Klinik und seine elektrophysiologischen Versuche gestützt war, mit der Krausschen Nässetheorie des Lebens in Verbindung gebracht. Ihr Viertakt erschien ihm damit als *Lebensformel* schlechthin. So löste sich ihm der Widerspruch zwischen vitalistischer und mechanistischer Auffassung des Lebensprozesses wie folgt: *Das Lebendige funktioniert tatsächlich aufgrund derselben physikalischen Funktionen wie das Nichtlebende, so wie die Mechanisten behaupten. Es ist gleichzeitig grundsätzlich verschieden vom Nichtlebenden, wie die Vitalisten sagen; denn die Funktionen der Mechanik (Spannung – Entspannung) und die der Elektrik (Ladung – Entladung) sind in einer spezifischen Weise angeordnet, die dem Nichtleben nicht zukommt.*[306]

Doch die eigentliche Frage war damit erst gestellt. Leben unterscheidet sich von Nichtleben *durch selbsttätigen Wechsel dieser Funktionen. Was stellt die Selbsttätigkeit her?*[307] Dieses Problem ließ sich am ehesten natürlich an den einfachsten Lebewesen studieren. Die neuesten Erkenntnisse über die Abhängigkeit der Amöbenbewegung von ihrer inneren Protoplasmaströmung stammten ebenfalls von Max Hartmann. Ihre Publikation erfolgte einige Jahre nach dem Erscheinen von Kraus' Buch über die Nässetheorie des Lebens. Diese ließe sich, so schloß Reich, *nur dann aufrechterhalten, wenn das protoplasmatische Geschehen mit den Gesetzmäßigkeiten kolloidaler Lösungen überhaupt in Beziehung gebracht werden kann.*[308]

Von der Protoplasmaströmung, und damit von der autonomen Bewegung aller Lebewesen, heißt es aber noch heute: «Die Ursache ist nicht genügend geklärt, wahrscheinlich sind mehrere Faktoren wirksam.»[309] Somit überrascht es nicht, daß sich für Reich die Erkenntnisse Hartmanns und Kraus' nicht problemlos ergänzten, daß er folglich mit eigenen Forschungen auf diesem Gebiet begann.

Durch Geldspenden und mit Hilfe einiger Kollegen gelang es, Anfang 1936 in Oslo ein Labor mit folgender Ausstattung einzurichten: 3 große Reichert-Z-Mikroskope (bis 3750X, *mit großer Mühe* bis 4500X), 1 Leitz-Forschungsmikroskop, 1 Mikrofilmapparatur mit Zeitraffer (15 Sek. bis 10 Std. pro Bild), ein speziell konstruiertes Gerät für mikro-elektrische Messungen und ein komplettes bakteriologisches Laboratorium mit Autoklaven (120° C) und Trockensterilisator (190° C). *Zur sicheren Beurteilung von Bewegungen im Inneren der Organismen wird auch ein Dunkelfeldkondensor verwendet, der ... Untersuchungen im Dunkelfeld bei etwa 3000-facher Vergrößerung ermöglicht.*[310]

Die bei Lichtmikroskopen an sich unüblichen, starken Vergrößerungen verwendete Reich, der hauptsächlich mit lebenden Objekten arbeitete, um feinste Bewegungen, Funktion, erkennen zu können. Der Trend mikrobiologischer Forschung ging jedoch in die entgegengesetzte Richtung. Neue Techniken (Elektronenmikroskopie, Röntgenkristallographie, Ultrazentrifuge u. a.) brachten sensationelle Erfolge bei der Aufklärung feinster Strukturen. Daß man so Lebensforschung bloß am toten Objekt betrieb, erschien in der Euphorie, die den Boom der Molekularbiologie begleitete, kaum jemandem problematisch. Unter den prominenten Forschern dieses Gebietes steht Erwin Chargaff allein da mit seinem treffend formulierten Bekenntnis: «Ich habe dreißig Jahre gebraucht, bis ich erkannt habe ... daß das, was wir Biochemie nennen, eigentlich Nekrochemie heißen müßte.» (1977)[311]

Mit dieser einseitigen Entwicklung der Biologie hängt auch zusammen, daß man generell die zeitliche Dimension biologischen Geschehens, insbesondere seine Rhythmizität, bisher fast gar nicht näher erforschte. Erst in jüngster Zeit beginnt sich ein Bewußtsein dieses Mankos zu artikulieren.[312]

Gerade aber auf diese rhythmischen oder pulsatorischen Erscheinungen primitiven Lebens konzentrierte sich Reich, als er 1936 als «Laie» die Protoplasmaströmungen in Amöben zu studieren begann. Aus seinen praktischen und theoretischen Vorarbeiten hatte er ja die *Lebensformel* mitgebracht, die Expansion und Kontraktion, also Pulsation, ausdrückt; und er ging aus von der *Vorstellung, daß im Metazoon die Amöbe in Gestalt des kontraktilen und expansiven vegetativen Apparats fortlebt.*[313]

Wie schon einst bei der Psychoanalyse hatte Reich sich schnell in dieses für ihn völlig neue Gebiet eingearbeitet. Nach zwei Jahren, 1938, erschien ein *erster, zu ergänzender Bericht* über seine Arbeit.[314] Was er auf Grund

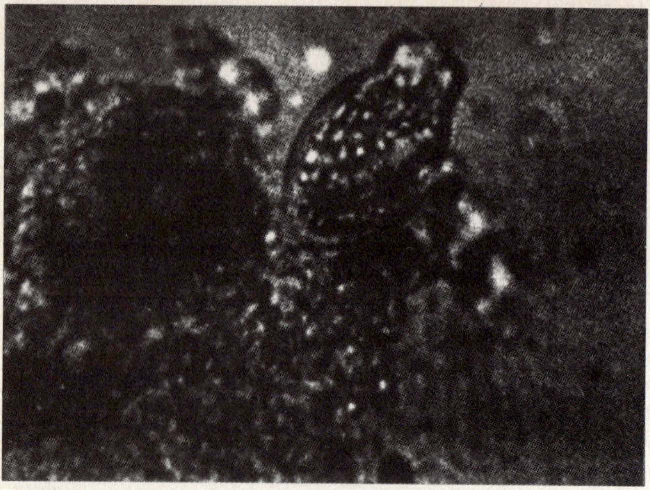

Bion-Vesikel in bereits organisiertem Stadium

seiner experimentellen Arbeiten im wesentlichen gefunden hatte, nannte er *Bion. Die Bione sind Vorstufen des Lebendigen, Gebilde des Übergangs vom Anorganischen, Unbewegten zum Organischen, Bewegten und Kultivierbaren*[315], schrieb er 1938. Später, *von der Kenntnis des atmosphärischen Orgons bestimmt und infolgedessen nicht mehr biologistisch, sondern energetisch funktionell zusammengefaßt*, bezeichnete er die Bione als *Bläschen, in die jede gequollene Materie zerfällt ... Übergangsgebilde vom Nichtleben zum Lebendigen. Das Bion ist die elementare Funktionseinheit aller lebenden Materie.*[316]

Im Januar 1937 begann Roger DuTeil von der Universität Nizza mit Kontrollversuchen, die Reichs Ergebnisse bestätigten.[317] Auch als Reich bald darauf die Kultivierung von Bionen gelang, konnte DuTeil dieses Ergebnis reproduzieren.

Ein Jahr später schrieb Louis Lapique von der Sorbonne in Paris, den die französische Akademie der Wissenschaften mit der Untersuchung der Reichschen Bionforschung beauftragt hatte, an Reich: «Ich habe tatsächlich die von Ihnen geschilderten lebensartigen Bewegungen festgestellt. Das ist eine merkwürdige Tatsache, wenn man die lange Frist seit der Herstellung berücksichtigt.»[318] Lapique wollte aber eine Mitteilung im Bulletin der Akademie nur in stark gekürzter Form und mit eigener physikalisch-chemischer Interpretation (und Wegfall der Reichschen) veröffentlichen. *Ich zog meine Zustimmung zur Publikation ... zurück: ...*

Mißverständnisse und mißlingende Kontrollversuche wären das Resultat gewesen.[319]

Während Lapique also eine mechanistische Interpretation der Reichschen Ergebnisse vorschlug, neigte DuTeil eher zu einer vitalistischen. Dies waren wohl die Hauptgründe – neben dem bald beginnenden Zweiten Weltkrieg und Reichs Emigration in die USA –, die die anfangs so hoffnungsvolle Zusammenarbeit mit beiden beendete.

Bei den Vitalisten wurde das Lebendige zu einem geisterhaften Spuk, bei den Mechanisten wurde es zu einer unlebendigen Maschine.[320] Reichs funktionelle Theorie des Lebendigen stand (und steht noch heute) im Widerspruch zu einigen grundsätzlichen Annahmen der Biologie und anderer Wissenschaften.*

Die sehr detailreiche Bionforschung wurde von Reich in den vierziger Jahren, vor allem im Zusammenhang mit seinen Arbeiten zum Krebsproblem, weiterentwickelt. Doch schon in ihren Anfängen gelangte er zu dem Konzept einer *primären Pulsationsfunktion*, die den von der Molekularbiologie erforschten Prozessen zugrundeliegt, meinte damit jedoch nichts außer- oder überphysikalisches, keine Neuauflage eines Vitalis-

* Die «Protozellen», von denen Sidney Fox, einer der heute führenden Forscher auf dem Gebiet der Biogenetik, der Wissenschaft von der Biogenese, berichtet[321], sind mit einer speziellen Bionart identisch.[322]

Die Bion-Kultur (SAPA), an der 1939 die Existenz der biologischen Orgonenergie entdeckt wurde

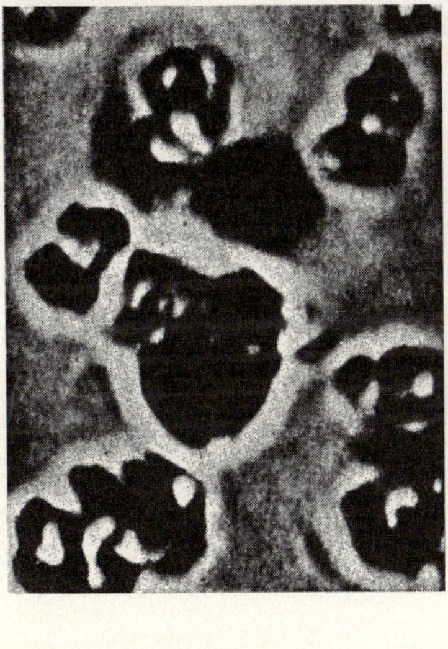

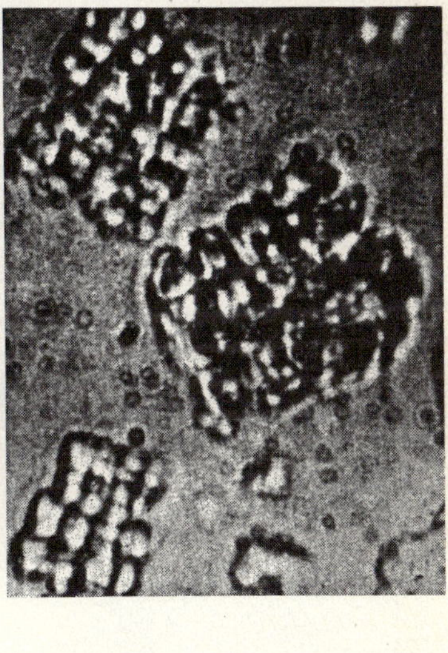

mus. Der Vitalismusverdacht, gegen den sich Reich stets zur Wehr zu setzen hatte, ist jedoch, nach einem Wort des Nobelpreisträgers Albert Szent-Györgyi, in der Wissenschaft schlimmer als der Kommunismusverdacht[323]. Szent-Györgyi hob übrigens auch hervor, daß viele der größten Probleme der Biologie noch ungelöst, ja unberührt seien. Zum Beispiel würde die Lösung der Frage, was eine Membran sei, viele Probleme der alltäglichen Medizin lösen. Das erinnert an Kraus, dessen Tiefenperson aus Elektrolyten und Membranen besteht: «... die meisten Krankheitszustände, funktionelle wie sog. organische, haben ihren letzten Grund in der vegetativen Strömung».[324] Daß deren Dysfunktion, die Störung der einheitlichen biologischen Pulsation des Organismus, in den meisten Fällen aber gesellschaftliche Ursachen hat, hat Reich stets betont.

Diese Konsequenzen seiner Arbeit haben Reich viele Konflikte eingebracht, nicht nur mit politisch konservativen Gruppen. *In den Jahren zwischen 1934 und 1937 waren es immer wieder Funktionäre der Kommunistischen Partei, die die faschistisch orientierten Kreise in Europa auf die «Gefährlichkeit» der Sexualökonomie hinwiesen.*[325] So erklärt sich wohl auch die massive Pressekampagne, die in Oslo inszeniert wurde, nachdem Reich, der politisch nicht in Erscheinung getreten war und nur in deutscher Sprache publizierte, am 1. Mai 1937 einen kurzen Bericht über die Bion-Versuche gegeben hatte.[326] Mehr als hundert Artikel erschienen in den Osloer Tageszeitungen jeder Couleur[327], in denen sich auch führende Wissenschaftler aus Medizin, Psychiatrie, Biologie und Cancerologie gegen Reich und seine Bionversuche engagierten.

Zu dieser Zeit, als die Verlängerung von Reichs Aufenthaltserlaubnis sehr in Frage stand, kam Theodore P. Wolfe nach Oslo, um bei Reich zu studieren. Wolfe, von Geburt Schweizer und bei Bleuler in Zürich ausgebildet, und seine Frau Helen Flanders Dunbar galten in den USA als Pioniere der psychosomatischen Medizin. Unter dem Eindruck der Pressekampagne überzeugte er Reich, daß es besser sei, die Arbeit in den USA fortzusetzen. Wolfe vermittelte ihm einen Lehrauftrag an der New School of Social Research und beschaffte mit Hilfe eines einflußreichen Bekannten im State Department das Visum für Reich. Er blieb, nachdem Reich sich Ende August 1939 samt Labor und Assistentin in New York niedergelassen hatte, dessen engster Mitarbeiter für viele Jahre, Übersetzer seiner Bücher und Herausgeber seiner Zeitschrift.[328]

Theodore P. Wolfe

Reichs erstes Domizil in den USA in Forest Hills, N. Y.

Orgonomie

Reich war bei der Bionforschung auf Phänomene gestoßen, *die wir in keiner Weise mit der Theorie der elektromagnetischen Energie in Einklang zu bringen vermögen.*[329] Zunächst aber, so berichtet er, *konnte ich kaum mehr als biologische Wirkungen und subjektive Empfindungen als Anhaltspunkte für die qualitative und quantitative Bestimmung der Strahlung angeben*[330]. In einer kurzen Mitteilung, die Reich im Juli 1939, kurz vor seiner Abreise nach Amerika, herausgab, beschrieb er drei einfache Experimente, aus denen er folgenden Schluß gezogen hatte: *Die SAPA-Bione geben ... die Sonne gibt ... auch der Organismus, wenn nicht vegetativ erstarrt, gibt an Gummi eine Energie ab, die sich am Elektroskop wie Reibungselektrizität auswirkt.*[331]

Ich hatte es offenbar mit einer unbekannten, spezifisch biologisch wirksamen Energie zu tun ... Die Energie erhielt den Namen «Orgon». Diese Bezeichnung deckte sowohl historisch ihre Entdeckung durch die Untersuchung des Orgasmus als auch ihre biologische Wirkung, Substanzen organischen Ursprungs aufzuladen.[332] Als «Orgonomie» bezeichnete Reich dann, als er die *primordiale* Natur der Orgonenergie und die daraus folgenden Konsequenzen für die Forschung erkannt hatte, die *Naturwissenschaft von der Orgonenergie.*

Reichs Theoriebildung war nicht so abwegig, wie sie manchem heute, wo die reduktionistische Sicht dominiert, erscheinen mag. In jenen Jahren warf zum Beispiel auch ein so renommierter Forscher wie Niels Bohr die Frage auf, «ob uns noch die Kenntnis fundamentaler Gesetzmäßigkeiten fehlt, um das Leben auf physikalischer Basis verstehen zu können ... Aus dieser Sicht müßte die Existenz des Lebens als Grundtatsache betrachtet werden, die nicht erklärt, sondern als Ausgangspunkt der Biologie genommen werden muß, ähnlich wie das Wirkungsquantum, das ... zusammen mit den Elementarteilchen die Basis der Atomphysik ist»[333] (vgl. Reichs primordiale Qualität des Orgons). Die jungen Physiker, die sich, vor allem durch Bohr und Schrödinger ermutigt, der Biologie zuwandten, konnten bislang nur zu einem Gebiet erfolgreich beitragen: zur Aufklärung von Details des Übertragungsmechanismus der genetischen Information. Reichs Interesse hingegen galt der autonomen Bewegungs-

Reichs Arbeitszimmer in Orgonon, Rangeley/Maine

fähigkeit aller Lebewesen, die sich einer molekularbiologischen Erklärung bis heute entzogen hat.

Es ist schwierig, das Datum der Entdeckung des Orgons zu bestimmen. Die orgonotischen Funktionen der Attraktion, Durchdringung, Pulsation und Erstrahlung wurden schon 1936–1939 gesichtet und an verschiedenen Bionpräparaten verfolgt.[334] Die Entscheidung aber, die Entdeckung einer neuen Energieform, Orgon, zu publizieren, verschob Reich sogar noch, als für ihn selbst kaum noch Zweifel an ihrer Existenz bestanden, da es ihm gelungen war, sie auch in der Atmosphäre nachzuweisen. Weil er sich jedoch über die theoretischen Konsequenzen seiner Entdeckung für alle Naturwissenschaften voll im klaren war, wollte er zuvor das Urteil Einsteins abwarten.

Der Orgon-Akkumulator

Nachdem Reich die Orgonenergie bei den Bionversuchen visuell, fotografisch und elektroskopisch nachgewiesen hatte, wollte er – sein Labor war inzwischen in Forest Hills (New York) wieder eingerichtet – weitere Erkenntnisse über die neuartige Strahlung sammeln. *Zu diesem Zweck*

Blick in das Labor auf Orgonon

mußte ein abgeschlossener Hohlraum gebaut werden, der die von den Bionen ausgehende Strahlung abgrenzen und vor rascher Diffusion in die Umgebung schützen sollte.[335] Auf Grund noch in Oslo durchgeführter Studien über die Eigenschaften verschiedener Materialien in bezug auf die Strahlung baute Reich einen Kasten, der *innen Metallwände und außen Wände aus organischem Stoff*[336] hatte. Die Vorderwand des Kastens war *mit einer runden Öffnung und einem Okular versehen, um die Strahlung von außen her beobachten zu können ... Etwa ein Dutzend Kulturplatten wurden hineingetan ... Der Versuch gelang. Ich konnte deutlich bläuliche bewegte Schwaden und helle, gelb-weiße Strich- und Punktstrahlen beobachten. Mehrere Versuchspersonen bestätigten die Erscheinungen.*[337] Sie glichen denen, die Reich schon in Oslo in einem Dunkelraum beobachtet hatte.

Zur Vorbereitung einer Veröffentlichung führte Reich noch eine Reihe von Kontrollversuchen durch, wobei ihn ein Ergebnis verblüffte: *Zu meinem nicht geringen Erstaunen sah ich dieselben Strahlen, die bläulichen Schwaden ebenso wie die hellen Strichstrahlen, auch im leeren Kasten.*[338] Auch neugebaute Kästen, in denen noch nie eine Bionkultur gestanden hatte, zeigten die gleichen Erscheinungen. Nach Auswertung verschiedener, bisher unzusammenhängend erscheinender Beobachtungen kam Reich schließlich zu dem Ergebnis: *Die Strahlung in meinem kulturfreien*

Kasten stammte einfach aus der Atmosphäre ...[339] *Das atmosphärische Orgon hätte fraglos auch ohne SAPA-Bione entdeckt werden können. Doch wir verdanken dem komplizierten Umweg über die Bionstrahlung eine Einsicht von tiefen Konsequenzen: Die Energie, die das Lebendige steuert, ist notwendigerweise identisch mit der atmosphärischen Energie.*[340]

Den Namen «Orgon-Akkumulator» erhielt der Kasten, von dem bald in Größe und Wandquerschnitt variierende Modelle gebaut wurden, als nachgewiesen war, daß in ihm sich Orgonenergie ansammelt bzw. in höherer Konzentration vorhanden ist als in der umgebenden Atmosphäre oder in Kontrollkästen ohne den spezifischen Wandquerschnitt. Diesen Nachweis hat Reich damit erbracht, daß er beim Vergleich von Lufttemperaturmessungen im Innern von Orgon-Akkumulatoren ($T_\circ$) und von Kontrollkästen (T) stets eine positive Differenz $\Delta T = T_\circ - T$ fand; ein Ergebnis, das er mit dem Zweiten Hauptsatz der Wärmelehre nicht vereinbaren konnte. *Es ist wahr, daß es in der Natur einen Prozeß in Richtung der Entropie gibt... Es gibt jedoch noch einen anderen Prozeß, einen orgonotischen Prozeß, der in umgekehrter Richtung ... funktioniert.*[341]

Ehemaliges Laborgebäude auf Orgonon heute

Wilhelm Reich, 1941

Die «Einstein-Affäre»

Diese Entdeckung Reichs betraf also einen fundamentalen Satz der Physik. In dieser *wissenschaftlich schwierigen und drängenden Angelegenheit* wandte sich Reich am 30. Dezember 1940 an Einstein und bat ihn um eine Unterredung: *«... die Sache wächst mir sachlich und materiell über den*

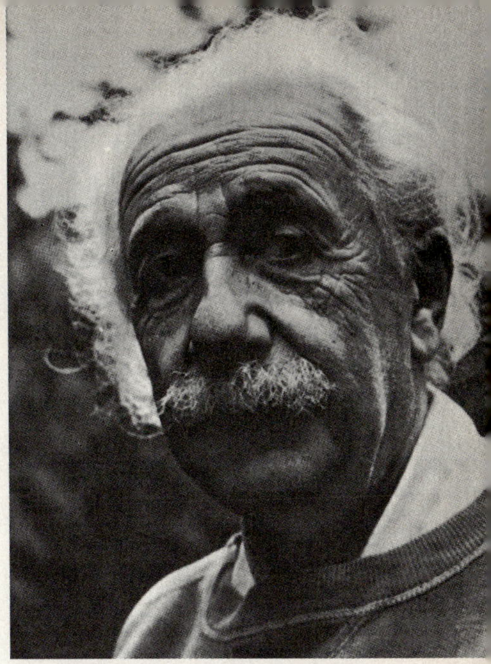

Albert Einstein

Kopf und bedarf breiter Kooperation ... ist zu entscheidend, um sie der Gefahr auszusetzen, durch den Irrationalismus im wissenschaftlichen Getriebe, wie es so oft passiert, erledigt zu werden ... Meine Vorsicht, (nicht) den üblichen Weg der Einsendung eines Berichts an die Physikalische Akademie zu gehen, muß sonderbar anmuten; sie entstammt außerordentlich bösen Erfahrungen.[342] Einsteins Antwort kam postwendend: «Ich bin gerne bereit, Ihre wissenschaftliche Angelegenheit mit Ihnen durchzusprechen und schlage Ihnen vor, mich an einem Nachmittag zu besuchen nach vorheriger Anmeldung.» Beide trafen sich am 13. Januar 1941 in Einsteins Wohnung in Princeton. Am Ende der fünfstündigen Unterredung vereinbarten sie, daß Reich Einstein («Eine Bombe für die Physik!») in Kürze einen Orgon-Akkumulator zur Verfügung stellen würde.

Als Reich am 1. Februar den Akkumulator zu Einstein brachte, beobachteten beide die Temperaturdifferenz ΔT, ebenso die visuellen Phänomene. Einstein wollte vor einem endgültigen Urteil jedoch noch weitere Messungen durchführen. Am 7. Februar berichtete er Reich: «Ich habe Ihren Apparat nun untersucht, mich aber ganz auf das Temperatur-Phänomen beschränkt, weil ich bezüglich der Lichterscheinungen das Subjective nicht auszuschalten vermag. Ich machte zuerst genügend oft die Ablesungen, ohne an Ihrer Anordnung etwas zu ändern. Der Kasten-Thermometer zeigte regelmäßig 0,3°–0,4° höher als das frei aufgehängte. Ei-

Reich in Maine, 1942

ner meiner Assistenten machte mich nun darauf aufmerksam, daß in Räumen, wie sie uns zur Verfügung stehen, stets die Bodentemperatur niedriger ist als die Temperatur an der Decke. Wenn nun eine horizontale feste Platte vorhanden ist, so kommuniziert die Unterseite der Platte durch Konvektion mehr mit dem Boden, die Oberseite mehr mit der Decke. Ich fand in der Tat, daß auf der Unterseite des Tisches die Temperatur um 0,6 im Mittel niedriger war als auf der oberen Seite. Dieser Umstand hat sich schließlich als der Maßgebende herausgestellt, wie aus dem Folgenden hervorgeht ...» Einstein berichtete nun über einige Modifikationen in der Versuchsanordnung, die er vorgenommen habe, um Klarheit zu erhalten, und schloß seinen Brief wie folgt: «Durch diese Experimente halte ich die

Reich mit seiner Frau Ilse, geb. Ollendorff, und dem Sohn Peter

Sache für völlig aufgeklärt. Die Temperatur-Differenzen haben ... mit dem Kasten nichts zu tun, sondern nur mit der horizontalen Tischplatte. Ich hoffe, daß dies Ihre Skepsis entwickeln wird, daß Sie sich nicht durch eine an sich verständliche Illusion trügen lassen.»

Auf diesen wohlwollend-herablassenden Brief antwortete Reich am 20. Februar sehr sachlich und ausführlich. Er teilte Einstein erstens mit, daß er positive Werte von ΔT auch dann gemessen habe, wenn der Kasten frei im Raum aufgehängt war, ein Einfluß der Tischplatte also fehlte; und daß der Wert von ΔT sogar noch größer war, wenn der Versuch im Freien, ohne Tischplatte und Zimmerdecke also, durchgeführt wurde. Zweitens gab er Einstein einen Abriß über den *biophysikalischen Rahmen des Tem-*

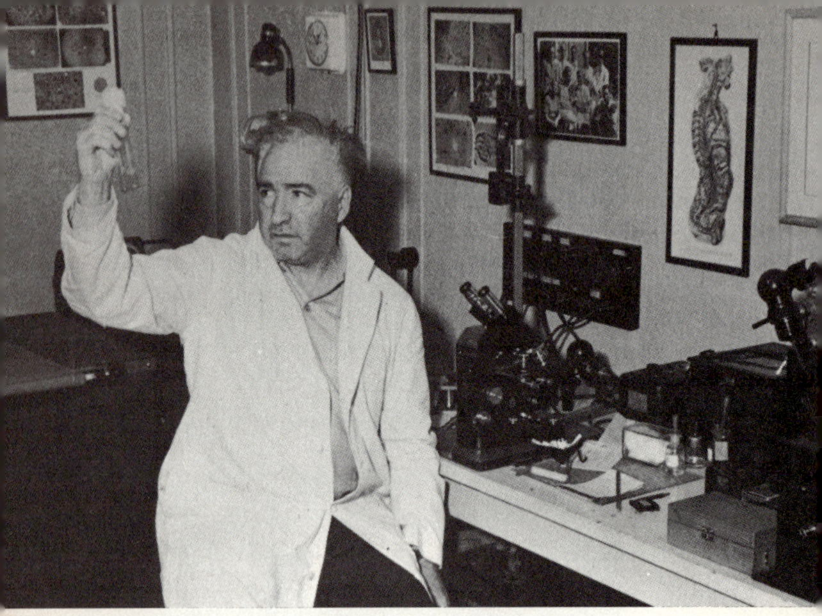

Im Labor, 1947

peraturphänomens. Einstein ist jedoch auf Reichs Argumente nicht mehr eingegangen.[343]

Das gesamte Verhalten Einsteins war anfangs korrekt; doch als ich seinen Einwand ausgeschaltet hatte, war es nicht mehr verständlich ... Diese Erfahrung erschütterte mein Vertrauen nicht nur in die praktischen Kenntnisse der Physiker, sondern auch in ihre Fähigkeit, korrekt zu denken und zu handeln, sofern es um «Bomben» in der Physik geht.[344] Dies ist dann Reichs letzter Versuch geblieben, die Meinung von Autoritäten über sein Werk einzuholen. Die Weiterentwicklung der Orgonphysik hat Reich, entgegen seinen Intentionen, im wesentlichen im Alleingang geleistet. Seine Mitarbeiter waren meist Ärzte und arbeiteten vorwiegend auf ihrem Fachgebiet.

Orgonphysik und konventionelle Physik

Die Periode, in der sich Reich mit Orgonphysik beschäftigte, 1939 bis 1957, umfaßt in etwa die gleiche Spanne, in der alles bisher Dargestellte entstanden ist. Schon daraus läßt sich der enorme Umfang seiner Arbeiten auf diesem Gebiet erschließen, aber auch die Unangemessenheit eines Versuchs, sie auf ein paar Seiten zu resümieren.

Ich hatte mich oft gegen den Vorwurf zu verteidigen, daß ich mich wissenschaftlich nicht beschränkte, daß ich «zuviel auf einmal» unternommen hätte ... schrieb Reich 1947. *In Wirklichkeit habe ich nur eine einzige Entdeckung gemacht: Die Funktion der orgastischen Plasmazukkung... Als es mir gelang, mich trotz aller Hindernisse und Anfeindungen auf dieses eine Problem drei Jahrzehnte lang zu konzentrieren, es zu bewältigen, mich daran als einer fundamentalen Naturfunktion zu orientieren, begann ich zu merken, daß ich den Denkrahmen der bestehenden menschlichen Charakterstruktur und damit der Zivilisation der letzten 5000 Jahre überschritten hatte ... Als erstaunlich erschien mir stets nicht, daß das Orgon existiert und funktioniert, sondern daß man es im Verlaufe von zwanzig Jahrhunderten so gründlich übersah oder wegdisputierte, wo es von einzelnen lebensnahen Forschern gesichtet und beschrieben wurde ... Ich glaube bestimmt, daß die Biogenese, die Ätherfrage, die Lebensfunktion und die «menschliche Natur» längst von vielen wissenschaftlichen Arbeitern erobert worden wären, wenn diese Kernfragen der Naturwissenschaft nicht nur einen Zugang gehabt hätten: den über das Problem der orgastischen Plasmazuckung.*[345]

Orgonomische Konferenz, 1950

Die fatalen Konsequenzen daraus faßte Reich 1951 in dem Urteil zusammen: *Die Menschheit hat viele Denksysteme entworfen, um in ihrem Kampf mit der Natur bestehen zu können. Aber die Natur, die in Wirklichkeit funktionell und nicht mechanisch ist, ist ihr durch die Finger geglitten.*[346] Natürlich meinte Reich damit nicht die Unvollkommenheit der Wissenschaft, deren Ziel bloße Vermehrung von Erkenntnis oder Entwicklung noch perfekterer Maschinen sei, sondern ihre prinzipielle Beschränktheit auf Instrumentelles. Auch Wissenschaft stünde lediglich im Dienste der *Tendenz des Menschen, den Problemen des lebendigen Lebens auszuweichen*[347], von der ihre Methoden und Grenzen bestimmt würden. Dieses *große Ausweichen vor dem Wesentlichen* hat Reich als den *gefährlichsten Feind der Menschheit*[348] bezeichnet.

Ohne die von Reich als entscheidend angesehenen Zusammenhänge zwischen Gesellschaft, Charakter und Wissenschaft zu implizieren, war auch der schon zitierte Szent-Györgyi, der insbesondere bioenergetische Prozesse untersucht hat, der Auffassung, daß die ungelösten Kernprobleme der Biologie durchaus auf physikalische Gesetze zurückführbar sein müßten, allerdings kaum bei dem gegenwärtigen (1974) Stand der Physik: «Wir werden wohl auf die Entdeckung einer gänzlich neuen physikalischen Wissenschaft warten müssen, bevor wir weiter zum Wesen des Lebens vordringen können.»[349]

Reich war fest davon überzeugt, diese neue Wissenschaft begründet zu haben. Daß er als einzelner nur eine sehr unvollständige, hier und da auch fehlerhafte Grundstruktur würde errichten können, war ihm klar; doch die Existenz der Orgonenergie sowie ihre primordiale Natur und pulsatorische Grundfunktion standen für ihn außer Zweifel: *Wir erwarten und wollen Kritik, aber nur immanente Kritik ... Wir nehmen an keiner irrationalen Diskussion oder Rauferei teil.*[350]

Seine Leistung verglich Reich einmal mit der des Kolumbus: *Hat Kolumbus New York entdeckt oder Chicago, die Fischereien in Maine ... oder die Naturschätze an der Westküste Amerikas?... Er hat nur ein Stück Meeresküste entdeckt ...Kolumbus' Leistung bestand nicht in der Konstruktion Amerikas, sondern in der Überwindung scheinbar unverrückbarer Vorurteile und Schwierigkeiten ...*[351]

Wie die meisten Vergleiche, so hinkt auch dieser. Reich hat zudem eine Reihe von «Expeditionen» unternommen, die ihn in verschiedene Teilgebiete der Biologie, Physik, Meteorologie und Kosmologie geführt haben (vgl. Literaturverzeichnis). Die ausführlichsten Arbeiten der Orgonforschung betrafen jedoch die Krebserkrankung.

Die Krebs-Biopathie

«Bis vor kurzem galt ‹der Krebs› als Inbegriff einer rein somatischen Erkrankung»[352], heißt es in einem 1979 erschienenen Kompendium zur psychosomatischen Medizin, in dem von über tausend Seiten dann nur ganze neun diesem Thema gewidmet sind. «Angesichts des ungewöhnlich komplexen und daher so schwierig lösbaren Problems der Entstehung und Ausbreitung von Krebserkrankungen wäre es sicher eine Illusion, in absehbarer Zeit einen ‹Durchbruch› zu erwarten», stellte der Bericht über die «Große Krebskonferenz» vom 27. September 1979 in Bonn[353] fest.

Reich mit Versuchsgerät zur lokalen Beeinflussung der Atmosphäre, um 1952

An Forschung mangelt es dabei nicht: 115000 einschlägige Arbeiten sind über ein weltweites Datenverbundnetz kurzfristig verfügbar. Diese Art Forschung scheint Reich gemeint zu haben, als er 1951 schrieb: *Die Geißel des Krebses ist kein so großes Problem wie es scheint. Das Problem liegt in der Charakterstruktur der Krebspathologen, die es so meisterhaft vernebelt haben.*[354] *... Wir können über die Konsequenz in der Vermeidung der Hauptsache nur staunen. Die Geschädigten sind wieder nur die vielen Kranken.*[355] Wenngleich dies selbstverständlich nichts über die Richtigkeit der Reichschen Theorie aussagt, so sollte doch festgehalten werden, daß Reichs radikale, durch eigene Arbeiten detailliert begründete Urteile 30 bis 50 Jahre lang unwiderlegt stehen bleiben konnten, und zwar auch auf Gebieten wie Psychotherapie, Biogenese, Krebsforschung und funktionelle Erkrankungen, in denen mit gewaltigem Aufwand gearbeitet wurde und wird.

Reichs Krebsforschung entstand einmal aus der Vegetotherapie der Atmungsstörungen und zum anderen als Folge einer Beobachtung von Strahlungseffekten an einer speziellen Bionkultur: *Mit Krebszellen zusammengebracht, zeigten sie tötende oder lähmende Fernwirkung schon in der Entfernung von etwa 10 μ.*[356] *... Ich muß hervorheben, daß die vielen Tatsachen, die die mechanistische Krebsforschung in mühseliger Arbeit zusammengetragen hat, für meine neuartige Fassung der Krebsbiopathie unentbehrlich waren*[357], schreibt Reich im Vorwort zu seinem Krebs-Buch.

Entscheidend für Reichs Verständnis des Krebsprozesses wurde aber seine Auffassung von den Grundfunktionen des Organismus: *Die Sexualökonomie hat die Ansicht, die die heutige Medizin beherrscht, aufgeben müssen, daß die autonomen Nerven der Vielzeller bloß Impulse vermitteln ... Die Bewegungsimpulse treten zuerst in den Bewegungen des autonomen Nervensystems auf und übertragen sich sekundär auf die mechanischen Bewegungsorgane des Organismus*, wie Reich bei der mikroskopischen Beobachtung durchsichtiger Mehlwürmer feststellen konnte und aus klinischen Beobachtungen schloß. *Im Vielzeller lebt die kontraktile und expansible Amöbe in Form des kontraktilen und expansiblen autonomen Lebensnervensystems fort. Dieses autonome Lebensnervensystem ist nichts anderes als organisiertes kontraktiles Plasma.*[358]

Reich führt nun einen Begriff ein, der seit der Formulierung der *funktionellen psychophysischen Identität* organismischen Geschehens überfällig war: *Unter Biopathien wollen wir alle Krankheitsprozesse zusammenfassen, die sich am autonomen Lebensapparat abspielen. Es gibt eine typische Grunderkrankung des autonomen Lebensapparates, die – einmal in Gang gesetzt – sich in verschiedenen symptomatischen Krankheitsbildern zu äußern vermag. Die Biopathie kann in einem Karzinom resultieren, aber ebenso in einer angina pectoris, einem Asthma, einer kardiovaskulären Hypertonie, einer Epilepsie, Katatonie, paranoiden Schizophre-*

Reichs erster Orgon-Akkumulator

nie, Angstneurose, multipler Sklerose, Chorea, chronischem Alkoholismus etc. Wir wissen noch gar nichts darüber, welche Umstände die Entwicklung einer Biopathie in der einen oder anderen Richtung bestimmen. Wichtig ist uns zunächst nur das Gemeinsame aller dieser Erkrankungen: Es ist eine Störung der natürlichen Pulsationsfunktion des lebenden Gesamtorganismus.[359]

Die Biopathie, mit der sich Reich am intensivsten befaßt hat, ist der Krebs, die *karzinomatöse Schrumpfungs-Biopathie*, eine *Folge chronischer, langdauernder Kontraktion des autonomen Lebensapparates («Sympathikohypertonie»)*[360].

Schon in Oslo hatte Reich ab 1937 parallel zur Bionforschung Versuchsreihen mit Mäusen durchgeführt. Diese Versuche wurden von ihm und einigen neuen Mitarbeitern in den vierziger Jahren in den USA kontinuierlich weitergeführt, während ab 1941 auch Krebstherapieversuche an Menschen hinzukamen. Dabei machte man sich die vagotone Wirkung des Orgons zunutze, der der Patient ausgesetzt war, während er in einem großen Orgon-Akkumulator saß, einem *nicht eindrucksvoll aussehenden Kasten, der einfach konstruiert ist, ... keine Drähte, keine Knöpfe, keinen Motor enthält*[361]. Neben dieser *physikalischen Orgontherapie* wurde auch *psychiatrische Orgontherapie*, wie die weiterentwickelte Vegetotherapie genannt wird, angewandt.

Zur Beurteilung des jeweiligen Zustands des Patienten, zur Frühsterkennung von Krebs überhaupt, hatte Reich aus der Bionforschung einen Bluttest[362] entwickelt, bei dem ebenfalls nur mit lebenden Präparaten und auch mit Vergrößerungen von über 2000X am Lichtmikroskop gearbeitet wird.

Das allgemeine Ergebnis der Orgontherapieversuche am Krebs ist: Es wird weit leichter sein, Krebs zu verhüten, als voll entwickelten Krebs zu heilen.[363] Tatsächlich gilt dies nach Reich nicht nur für den Krebs, sondern für eine ganze Reihe sogenannter Volkskrankheiten, die Neurosen eingeschlossen. *Die Biopathien bilden eine Endemie der Bevölkerung der Erde ... Diese Störungen sind im wesentlichen s o z i a l bedingt ... Die Bekämpfung der Biopathien wird eine der schwersten Aufgaben sein, die je dem Menschen und seiner Gesellschaft zufielen ... Die Lösung dieser Aufgabe wird aller Voraussicht nach die größte Umwälzung im Denken und Handeln erfordern, die die Menschen je zu leisten hatten ... Wir sind erst im Beginn der ersten Einsichten in das Riesenunglück, dem das Menschengeschlecht seit einigen Jahrtausenden unterlag und gegenwärtig fast zu erliegen droht.*[364]

Reich bei seiner Verhaftung

Konspiration

Konspiration ist der Titel eines umfangreichen Dokumentationsbandes.[365] Darin haben Reich und seine Mitarbeiter die ihnen zugänglichen Materialien zusammengetragen, die Belege oder Indizien für jene Machenschaften sind, die schließlich zu Reichs Verurteilung zu zwei Jahren Zuchthaus geführt haben.

Als Reich 1939 nach Amerika kam, waren viele seiner ehemaligen Gegner aus der Psychoanalytischen Gesellschaft schon einige Jahre dort, meist in einflußreicher Position. Die Diagnose von Reichs Schizophrenie, die Fenichel mitgebracht hatte, war nicht ungern aufgenommen und verbreitet worden. Reich pflegte jedoch keinen Kontakt mehr zu Psychoanalytikern: seine Schüler, anfangs etwa ein Dutzend, waren junge amerikanische Ärzte.

Eine zweite einflußreiche Gruppe stand Reich wegen seines Buchs *Massenpsychologie des Faschismus* feindselig gegenüber. Es waren die sogenannten fellow travellers, intellektuelle Sympathisanten der Sowjet-Union. In einer Besprechung der *Massenpsychologie* (1946) in der Zeitschrift «New Republic» – Herausgeber war der führende fellow traveller Henry Wallace, von 1940 bis 1944 Vizepräsident unter Roosevelt – rief Frederic Wertham alle Intellektuellen auf: «Könnten sie nicht, jeder in seinem Bereich, sei es Naturwissenschaft, Literatur oder Journalismus, ... die Art von Psychofaschismus bekämpfen, für die Reichs Buch ein Musterbeispiel ist?» Denn, so erkannte er, «der Hauptstoß von Reichs Angriff richtet sich gegen Rußland»[366].

Selbstverständlich war Reich in Amerika, spätestens als er zu publizieren anfing, auch den ärztlichen und psychiatrischen Berufsverbänden ein Dorn im Auge.

Zunächst jedoch bekam er Schwierigkeiten mit der Fremdenpolizei. Am 12. Dezember 1941 wurde er nachts um 2 Uhr aus dem Bett heraus verhaftet. Erst am nächsten Tag konnten die Angehörigen mit Hilfe eines Anwalts herausfinden, wohin man ihn gebracht hatte. Entlassen wurde er am 5. Januar 1942, erst nachdem er mit einem Hungerstreik gedroht hatte. Den Grund für seine Verhaftung hat man ihm auch bei den Verhören, denen er unterzogen wurde, nie mitgeteilt.

1946

Konzertierte Aktion?

Diese Verhaftung scheint jedoch ein isoliertes Ereignis gewesen zu sein, die sich gegen Reich als österreichischen Staatsbürger gerichtet hat, eine Reaktion der amerikanischen Behörden auf den Überfall der Japaner auf Pearl Harbor fünf Tage zuvor. Die folgenden Ereignisse dagegen lassen eine gewisse Koordination vermuten, zumindest ein gutes Zusammenspiel.

Am Anfang stand der Artikel «The Strange Case of Wilhelm Reich», geschrieben von Mildred Brady, gedruckt zunächst in der «New Republic» vom 26. Mai 1947, ein halbes Jahr also nach dem Aufruf Werthams.

Neben einer geschickten Entstellung von Reichs Theorien erwies sich vor allem die (natürlich erfundene) Behauptung als folgenträchtig, Reich verspreche jedem, der den Orgon-Akkumulator bei ihm gegen Entgelt ausleihe, orgastische Potenz; ein Fall also, bei dem die verantwortlichen Stellen tätig werden sollten.

Gerade Geschäftemacherei aber war es, die Reich hatte verhindern wollen, als er 1943 nach Erprobung der medizinischen Wirkung des Akkumulators die Modalitäten für dessen häusliche Benutzung durch die Patienten der Orgontherapeuten festgelegt hat. *Den Bau und die Distribution der Orgon-Akkumulatoren Geschäftsleuten zu überlassen, hieße die Orgonforschung Praktiken ausliefern, die die heutige pharmazeutische Industrie beherrschen.*[367] Reich hatte deshalb zunächst ein Patent auf das Gerät beantragt und zudem, mit Rücksicht auf den Finanzbedarf weiterer Forschung, entschieden, *den Orgon-Akkumulator nicht zu verkaufen ... sondern für die Orgonforschung arbeiten zu lassen*[368], indem die Einkünfte aus Vermietung einer Non-profit-Gesellschaft zur zweckgebundenen Verwendung zufließen sollten.

Der Brady-Artikel löste eine *emotionale Kettenreaktion* aus: er wurde, gekürzt oder ungekürzt, in einer Reihe vielgelesener Zeitungen und Zeitschriften nachgedruckt und in anderen Artikeln als Quelle benutzt. Sogar die angesehene Fachzeitschrift «Bulletin of the Menninger Clinic» druckte ihn in voller Länge als «gültige Darstellung» ab.[369]

Etwa zur gleichen Zeit, im März 1947, bewarb sich William Washington, ein junger Physiker, bei Reich.[370] Er gab an, in Chicago abgeschlossen zu haben und nun an der Harvard University zu promovieren. Sein Wunsch war, bei der Ausarbeitung der Orgonphysik mitzuwirken. Neben dieser Tätigkeit befaßte er sich dann aber zusammen mit Reich zwei Jahre lang mit der Entwicklung eines orgongetriebenen Motors, bis er im Sommer 1949 unter nie aufgeklärten Umständen mit zwei Prototypen dieses Motors verschwand. Nachforschungen an der Universität Chicago ergaben, daß er dort sein Studium nicht abgeschlossen hatte, während W. van Orman Quine von Harvard bestätigte, daß Washington bei ihm einen Kurs besucht habe. Spuren des Verschwundenen führten schließlich zu den Laboratorien der Atomic Energy Commission (AEC) in Oak Ridge, wo sie nicht weiter verfolgt werden konnten. Reichs Bemühungen, von der AEC Auskunft zu erhalten und das FBI einzuschalten, blieben ohne Erfolg.

Ebenfalls zu dieser Zeit begannen die Ermittlungen der Food and Drug Administration (FDA) gegen Reich und die Orgonmediziner. Viele Einzelheiten dieser Aktivitäten, vorgeblich zum Schutz der Öffentlichkeit vor Reichschem Quacksalbertum durchgeführt, kamen erst ans Licht, als durch den «Freedom of Information Act» bisher geheimes Aktenmaterial zugänglich wurde. Obwohl anzunehmen ist, daß entscheidende Anweisungen nicht schriftlich fixiert wurden oder noch immer geheim sind, be-

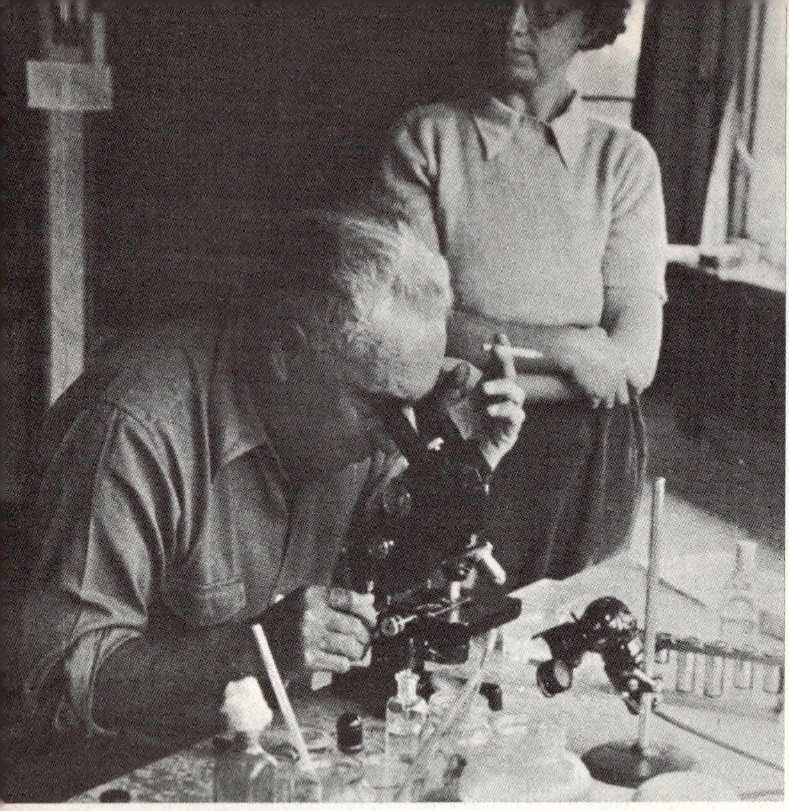

Am Mikroskop, 1947

kräftigt das von Jerome Greenfield für sein Buch «Wilhelm Reich versus the U. S. A.»[371] recherchierte Material doch die Behauptung Reichs[372], daß hinter der FDA-Kampagne mächtige Interessen der Pharma- und der Atom-Industrie standen. Die enge Verfilzung von FDA und Pharma-Industrie wurde inzwischen auch von einer Studiengruppe unter Leitung des «Verbraucheranwalts» Ralph Nader nachgewiesen.[373]

Die Ermittlungen der FDA weiteten sich mit der Zeit zu einer Größenordnung, die in einem grotesken Verhältnis zur «öffentlichen Gefahr» stand, die zu bannen war. Insgesamt wurden ca. 2 Millionen Dollar dafür aufgewendet, denen ca. 30000 Dollar Mieteinnahmen aus dem Verleih der Akkumulatoren gegenüberstanden.

Zunächst verlief die Suche nach Akkumulator-Geschädigten erfolglos. FDA-Agenten, die den Orgon-Ärzten als Strohmänner medizinisch unverantwortliche Aussagen entlocken wollten, scheiterten ebenfalls. So mußte die FDA die Anklage, die sie vorbringen wollte, hauptsächlich auf Aussagen von Experten stützen. Also wurde eine Reihe medizinischer und physikalischer Tests des umstrittenen Geräts in Auftrag gegeben. «Jeder hätte Ihnen sagen können, daß die Akkumulatoren ein Schwindel waren ... Der gesunde Menschenverstand schon sagt Ihnen, daß sie nicht funktionieren können. Wir haben sie schließlich nur aus formellen Gründen testen lassen»[374], erinnerte sich ein von Greenfield befragter hoher FDA-Beamter.

Ganz unproblematisch scheinen aber auch diese Tests nicht verlaufen zu sein. Greenfield stieß zum Beispiel auf eine Aktennotiz über ein Gespräch zwischen zwei FDA-Beamten und dem Physiker Dr. Lion vom Massachusetts Institute of Technology (MIT), in der es hieß, es sei endlich gelungen, ihn «ganz und gar auf unsere Seite zu ziehen»[375]. Weitere Tests wurden bei der Mayo-Klinik und bei verschiedenen Ärzten in Auftrag gegeben. Der Inhalt der Gutachten, die zur Zufriedenheit der FDA ausfielen, ist an anderer Stelle[376] von orgonphysikalischer und -medizinischer Seite kommentiert worden.

Reich im Kreise seiner Schüler, 1948

Gerichtliche Verfügung

Nach langen und sorgfältig abgestimmten Vorbereitungen – sogar die Echtheit von Reichs akademischem Grad hatte man in Wien überprüfen lassen – wurde nun für den 10. Februar 1954 in Portland/Maine der Prozeß gegen Reich anberaumt. Reich aber lehnte es ab, sich an einem Verfahren zu beteiligen, in dem von Juristen über eine grundsätzliche naturwissenschaftliche Problematik entschieden werden sollte. Er blieb der Verhandlung fern und schickte einen Schriftsatz, in dem es unter anderem hieß:… *Wissenschaftliche Fragen können unter keinen Umständen von einem Gericht entschieden werden. Sie können nur durch ausführliche, gewissenhafte und vorurteilsfreie Beobachtungen und offenen Meinungsaustausch … geklärt werden. Die einzige Absicht des Klägers besteht darin, die orgonomische Grundlagenforschung in endlose und kostspielige rechtliche Verfahren zu verwickeln … Ich teile deshalb mit, daß ich nicht vor Gericht*

Teilansicht des Hauptgebäudes auf Orgonon heute

Mit dem Sohn Peter, um 1946

erscheinen werde, um mich gegenüber einem Kläger zu «verteidigen», der schon allein durch die Klage an sich seine Ignoranz in naturwissenschaftlichen Angelegenheiten bewiesen hat ...[377]

Das Resultat dieser Reaktion Reichs war zunächst eine gerichtliche Verfügung, in seiner Abwesenheit erlassen, und später eine Anklage wegen Mißachtung des Gerichts. Verfügt wurde letztlich – Einzelheiten des Verfahrens müssen, obwohl auch in Hinsicht auf Reichs Verhalten von Interesse, hier ausgespart bleiben – die Zerstörung aller Orgon-Akkumulatoren (auch der entliehenen) und der gesamten orgonomischen Literatur unter der Aufsicht von FDA-Beamten. Dabei wurden auch jene Bücher und Schriften als Reklame für ein Betrugszwecken dienendes Gerät klassifiziert, in denen lediglich das Wort Orgon oder der Name einer

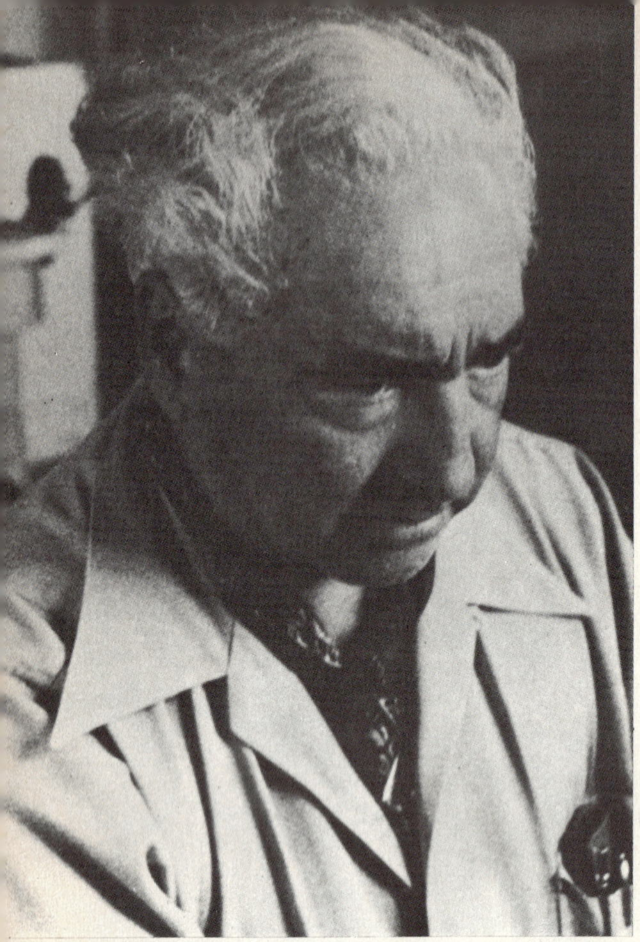

Wilhelm Reich nach dem Urteil 1956

Krankheit vorkam, so zum Beispiel auch Reichs *Massenpsychologie des Faschismus*. Tatsächlich waren alle Publikationen Reichs und seiner Mitarbeiter betroffen.

Die FDA verlor wenig Zeit, ihren so leicht errungenen Sieg allen Interessierten bekanntzugeben, deren Dankschreiben dann Greenfield in den Akten fand. So schrieb zum Beispiel Daniel Blain, Vorsitzender der American Psychiatric Association: «... ich weiß, daß ich für den ganzen Stand spreche, wenn ich unseren tiefen Dank für diese gute Arbeit der FDA ausspreche.» Ähnliche Worte kamen auch von der Psychoanalytic

Association. Charles L. Dunham schrieb im Namen der Atomic Energy Commission: «Ich danke Ihnen sehr für diese Mitteilung, denn Sie wissen nur zu gut, welch ein Dorn im Auge er vielen von uns gewesen ist.»[378] (Reich hatte, das wurde hier bisher nicht erwähnt, angefangen, die Beziehungen zwischen Orgonstrahlung und radioaktiver Strahlung experimentell zu erforschen.)

Die Vollstreckung der Verfügung erfolgte erst nach Abschluß der – erfolglosen – Berufungsverfahren, die Reich und die fünfzehn Ärzte, die in ihrer Berufsausübung betroffen waren, angestrengt hatten. Eine bewegende Schilderung einer Vernichtungsaktion gab Reichs Sohn Peter[379], der sie als Zwölfjähriger miterlebt hatte. Reich, er und ein Angestellter mußten auf Reichs Besitz in Maine unter Aufsicht von zwei FDA-Beamten und einem US-Marshal die dort vorhandenen Akkumulatoren mit der Axt zerhacken. Danach folgten noch vier weitere Vernichtungsaktionen, die größte davon in New York, wo am 23. August 1956 ein Lastwagen, beladen mit sechs Tonnen Büchern, seine Fracht einer Verbrennungsanlage übergab.

Doch schon fünf Jahre später, vier Jahre nach Reichs Tod, durften seine Bücher wieder gedruckt werden. Durch spitzfindige Auslegung des Urteilstextes konnten die Behörden diesen Makel des Urteils stillschweigend tilgen und so das Aufsehen vermeiden, das früher oder später wegen dieses Zensuraktes – weniger wegen des Falles Reich – entstanden wäre.

Prozeß, Haft, Tod

In dem Prozeß, der Reich nun bevorstand, wurde er wegen «Mißachtung des Gerichts» angeklagt. In den Verhandlungen, die vom 3. bis 7. Mai 1956 dauerten, ging es nicht mehr um die Frage, ob die Orgonenergie existiert oder der Orgon-Akkumulator heilende Wirkung hat, sondern nur noch darum, daß Reich sich geweigert hatte, in dieser Sache vor Gericht zu erscheinen. Das Strafmaß, zwei Jahre Zuchthaus, wurde am 25. Mai 1956 verkündet, kam jedoch nicht zur sofortigen Vollstreckung, da Reich sogleich Berufung einlegte.

Einen Tag nach dieser Urteilsverkündung bekam die FDA einen weiteren Dankesbrief: «Es entbehrt nicht eines gewissen Reizes für einen Journalisten, wenn man erfährt, daß ein Artikel, den man vor Jahren geschrieben hat, letztlich solche Früchte trägt»[380], schrieb Mildred Brady.

Reich, der lange Zeit nicht mit dem Vollzug des Urteils gerechnet hat, mußte seine Strafe am 12. März 1957 antreten. Kurz nach der Urteilsverkündung hatte er an seine Frau geschrieben: *Ich könnte das Gefängnis nicht gut ertragen und werde – sehr wahrscheinlich – dort umgebracht werden.*[381] Nach einigen Wochen im Zuchthaus Lewisburg jedoch zeigte er

Hinweisschild zum Wilhelm-Reich-Museum Orgonon in der Nähe von Rangeley/Maine

Optimismus: *Ich kann es besser ertragen, als ich geglaubt hatte.*[382] Er unternahm Schritte, um eine vorzeitige Entlassung zu erwirken – doch vergebens.

Am 3. November 1957 fand man ihn morgens tot in seinem Bett. Als Todesursache wurde «Herzversagen» festgestellt. Der Befund einer Untersuchung auf Giftstoffe als Teil der behördlich angeordneten Autopsie war negativ. Die Öffentlichkeit nahm Reichs Rod kaum zur Kenntnis. Einige wenige Zeitungen brachten eine kurze Meldung. Einzig «Freedom», das traditionsreiche Londoner «anarchist weekly», würdigte in einem sehr verständnisvollen Nachruf[383] Reichs Lebenswerk.

Auf dem Grab:
die Büste Wilhelm Reichs von Jo Jenks

Anmerkungen

Verwendete Abkürzungen

für Bücher Reichs:

AS	Ausgewählte Schriften, Köln 1976
CA	Charakteranalyse, Köln 1970
CM	Christusmord, Olten und Freiburg 1978
EGD	Ether, God and Devil/Cosmic Superimposition, New York 1973
FO	Die Funktion des Orgasmus, Köln 1969
FO/27	Die Funktion des Orgasmus, Leipzig/Wien/Zürich 1927
FS/I	Frühe Schriften I, Köln 1977
K	Der Krebs, Köln 1974
MPF	Die Massenpsychologie des Faschismus, Köln 1971
MPF/33	Die Massenpsychologie des Faschismus, Kopenhagen 1933
PT	People in Trouble, New York 1976
RF	Reich speaks of Freud, New York 1968
SR	Die Sexuelle Revolution, Frankfurt 1966

für Zeitschriften:

ZPS	Zeitschrift für Politische Psychologie und Sexualökonomie
IJSO	International Journal of Sex-Economy and Orgone Research
OEB	Orgone Energy Bulletin
JO	Journal of Orgonomy (ab 1967; Anschrift der Redaktion: P.O.Box 565, Ansonia Station, New York, N.Y. 10023, USA)
WRB	Wilhelm-Reich-Blätter (ab 1975; Anschrift der Redaktion: Postfach 3002, D 8500 Nürnberg 1)

1 AS, 9ff/ 2 siehe Anm. 345/ 3 Ilse Ollendorff-Reich: Wilhelm Reich, München 1975/ 4 ebd., 25/ 5 vgl. JO, Vol. X (1976), 183 Fn./ 6 FS/I, 79f/ 7 Ilse Ollendorff-Reich: Wilhelm Reich, a. a. O., 26/ 8 FO/27, 168/ 9 FO, 31/ 10 MPF, 253/ 11 FO, 31/ 12 Sigmund Freud: Selbstdarstellung, Fischer-TB 6096, 87/ 13 FO, 33f/ 14 FS/I, 68ff, vgl. Bernd A. Laska: «Früher» contra «später» Reich – eine überflüssige Kontroverse, in: WRB 2/80, 67ff/ 15 FO, 31f/ 16 FO, 38ff/ 17 FO, 39f/ 18 FO, 39/ 19 FO, 38/ 20 Ilse Ollendorff-Reich: Wilhelm Reich, a. a. O., 19/ 21 FO, 31/ 22 FO, 42f/ 23 FO, 85f/ 24 FO, 38/ 25 s. a.: Otto Fenichel: Über die Psychoanalyse als Keim einer zu-

künftigen dialektisch-materialistischen Psychologie, ZPS, Bd. I (1934), 43ff/ 26 FO, 181f/ 27 MPF, 299/ 28 MPF, 336/ 29 Sigmund Freud: Vorlesungen zur Einführung in die Psychoanalyse, Fischer-TB 6348, 305/ 30 FO, 84/ 31 Sigmund Freud: Drei Abhandlungen zur Sexualtheorie, Fischer-TB 6044, 88/ 32 Sigmund Freud: Vorlesungen ..., a. a. O., 280/ 33 Sigmund Freud: Drei Abhandlungen ..., a. a. O., 88/ 34 Sigmund Freud: Die endliche und die unendliche Analyse, Ges. Werke, Bd. XVI, 71/ 35 Sigmund Freud – Lou Andreas-Salomé: Briefwechsel, Frankfurt 1966, 109/ 36 zit. nach Paul Roazen: Sigmund Freud und sein Kreis, Bergisch Gladbach 1976, 509/ 37 RF, 67/ 38 FO, 40f/ 39 FO, 41f/ 40 FO, 52f/ 41 FO, 81/ 42 FO, 61/ 43 FO, 63/ 44 FO, 53/ 45 FO, 108/ 46 FO, 61/ 47 zit. nach FO, 72/ 48 Sigmund Freud: Brautbriefe, zit. nach Ernest Jones: Das Leben und Werk von Sigmund Freud, Bern 1960–62, Band I, 228/ 49 FO, 72/ 50 FO, 72f/ 51 RF, 151/ 52 FO, 51/ 53 zit. nach Paul Roazen: Sigmund Freud und sein Kreis, a. a. O., 171/ 54 wie Fn. 46/ 55 Sigmund Freud: Neue Folge der Vorlesungen zur Einführung in die Psychoanalyse, Fischer-TB 6390, 139/ 56 vgl. Joseph Weizenbaum: Denken ohne Seele, in: DIE ZEIT 5. 12. 80/ 57 s. Jahrbuch der Psychoanalyse, Band X, Bern 1978, 169ff/ 58 FO, 82/ 59 FO, 111f/ 60 RF, 41/ 61 RF, 40/ 62 RF 101/ 63 RF, 107/ 64 FO, 83/ 65 FS/I, 168/ 66 FO, 91/ 67 FO, 90/ 68 FO, 92/ 69 FO, 116/ 70 FO, 92/ 71 FO, 92/ 72 Wilhelm Reich: Orgonomic Functionalism, Part II, in: OEB, Vol. II (1950), 2/ 73 RF, 119f/ 74 FO/27, 18/ 75 FO, 102/ 76 FO, 93/ 77 JO, Vol. X (1976), 130f/ 78 Internationale Zeitschrift für Psychoanalyse, Bd. XVI (1930), 511ff/ 79 Sigmund Freud: Drei Abhandlungen ..., a. a. O., 83/ 80 FO, 117/ 81 FO, 121/ 82 FO, 122/83 SR, 35/ 84 Max Horkheimer: Geschichte und Psychologie, in: Zeitschrift für Sozialforschung Bd. I (1932), 125ff/ 85 Theodor W. Adorno: Zum Verhältnis von Soziologie und Psychologie, in: Aufsätze zur Gesellschaftstheorie und Methodologie, Frankfurt 1970, 23/ 86 zit. nach Erich Fromm: Die gesellschaftliche Bedingtheit der psychoanalytischen Therapie, in: Zeitschrift für Sozialforschung, Bd. IV (1935), 371/ 87 FO/27, 186/ 88 FS/I, 223/ 89 SR, 34/ 90 FO/27, 192/ 91 FO, 71f/ 92 Sigmund Freud: Hemmung, Symptom und Angst, Kindler-TB 2196, 61/ 93 FS/I, 247/ 94 FO, 133/ 95 FO, 106/ 96 FO, 151f/ 97 FO, 108/ 98 FO, 60/ 99 FO, 133f/ 100 FO, 148/ 101 S. O. Hoffmann: Charakter und Neurose, Frankfurt 1979, 176/ 102 FO, 113f/ 103 FO, 115/ 104 FO, 107/ 105 CA, 47/ 106 CA, 147/ 107 FO, 108/ 108 FO, 150/ 109 FO, 152/ 110 FO, 153/ 111 WRB, Heft 5, 6/79, 142ff/ 112 CA, 56/ 113 FO, 130/ 114 CA, 141/ 115 CA, 185/ 116 CA, 175/ 117 CA, 176/ 118 CA, 174/ 119 MPF, 9/ 120 CA, 174f/ 121 CA, 177/ 122 CA, 177/ 123 CA, 346/ 124 CA, 22/ 125 CA, 143f/ 126 FO, 152/ 127 FO, 153/ 128 FO, 154/ 129 FO, 154/ 130 FO, 154/ 131 CA, 358/ 132 CA, 143/ 133 CA, 201/ 134 FO, 157/ 135 SR, 35/ 136 CA, 200/ 137 FO, 161/ 138 in: Jahrbuch der Psychoanalyse, Bd. X, a. a. O., 219/ 139 CA, 205/ 140 CA, 205/ 141 SR, 45/ 142 FO/27, 191/ 143 FO, 202/ 144 FO, 202/ 145 FO, 165/ 146 FO, 191/ 147 CA, 244/ 148 Sigmund Freud: Das ökonomische Problem des Masochismus, in: Fischer-TB 6394, 213/ 149 CA, 253/ 150 FO, 219f/ 151 CA, 323/ 152 FO, 221/ 153 FO, 221/ 154 FO, 223/ 155 Der Ausschluß Wilhelm Reichs aus der IPV, in: ZPS, Bd. II (1935), 54ff/ 156 ebd./ 157 ebd./ 158 RF, 68/ 159 RF, 72/ 160 FO, 146/ 161 FO, 147/ 162 Sigmund Freud – Lou Andreas-Salomé: Briefwechsel, a. a. O., 191/ 163 zit. nach Ernest Jones: Das Leben

…, a. a. O., Band III, 519/ 164 FO, 181/ 165 Der Ausschluß…, a. a. O., 59/ 166 RF, 85/ 167 RF, 45/ 168 RF, 130f/ 169 Sigmund Freud: Drei Abhandlungen…, a. a. O./ 170 RF, 213/ 171 FO, 46/ 172 FO, 35/ 173 CM, 233/ 174 Der Ausschluß…, a. a. O., 54/ 175 RF, 101/ 176 FO, 110/ 177 FO, 148/ 178 RF, 148ff/ 179 CA, 307f und PT, 224ff/ 180 Ernst Federn: Marginalien zur Geschichte der psycho-analytischen Bewegung, in: Psyche, Bd. 28 (1974), 461–471/ 181 FO, 114/ 182 Wilhelm Reich: Der Einbruch der sexuellen Zwangsmoral, Köln 1972/ 183 Der Ausschluß…, a. a. O., 56/ 184 zit. nach: Raymond Aron: Hauptströmungen des modernen soziologischen Denkens, Reinbek 1979, 55/ 185 FS/I, 70/ 186 MPF, 23/ 187 CA, 454/ 188 CM, 398/ 189 Herbert Marcuse: Triebstruktur und Gesellschaft, Frankfurt 1968, 235/ 190 siehe alle Jahrgänge der ZPS (1934–1939)/ 191 Sigmund Freud: Neue Folge der Vorlesungen zur Einführung in die Psychoanalyse, Fischer-TB 6390, 127/ 192 zit. nach Helmut Dahmer: Libido und Gesellschaft, Frankfurt 1973, 55/ 193 FO, 190/ 194 PT, 102 (zit. nach dt. Ms.)/ 195 PT, 103f/ 196 PT, 108f/ 197 PT, 112/ 198 z. B. Theodor Reik; Hören mit dem dritten Ohr, Hamburg 1976, 233/ 199 CM, 188/ 200 MPF, 380/ 201 CA, 13/ 202 Der Ausschluß…, a. a. O., 58/ 203 CA, 12f/ 204 ZPS, Bd. II (1935), 66ff/ 205 MPF, 22/ 206 Wilhelm Reich: Masse und Staat, Kopenhagen 1935, 22f/ 207 ebd., 17f/ 208 MPF, 33f/ 209 MPF/33, 10/ 210 SR, 22/ 211 MPF/33, 35/ 212 MPF, 15/ 213 SR, 191ff/ 214 MPF, 312/ 215 MPF, 280/ 216 MPF, 289f/ 217 zit. nach: Eva Hesse: Die Wurzeln der Revolution, München 1974, 16/ 218 SR, 43/ 219 MPF, 189/ 220 CM, 206/ 221 vgl. Gespräch mit Wolfgang Harich in: Frankfurter Rundschau vom 21. 02. 1976/ 222 FO, 162/ 223 MPF, 8/ 224 MPF, 303/ 225 MPF, 8/ 226 MPF, 336/ 227 Ernst Parell (d. i. Wilhelm Reich): Was ist Klassenbewußtsein?, Kopenhagen 1934, 36/ 228 ebd., 41/ 229 MPF, 219/ 230 MPF, 380/ 231 Wilhelm Reich: Conspiracy, Documentary Volume; Rangeley, Maine, USA 1954; Document No. 7/ 232 MPF, 221/ 233 MPF, 319/ 234 Wilhelm Reich: Charakter und Gesellschaft, in: ZPS, Bd. III (1936), 150/ 235 MPF, 317/ 236 MPF, 15/ 237 MPF, 15f/ 238 CM, 132/ 239 CM, 354/ 240 FO, 202/ 241 CM, 224/ 242 CM, 33ff/ 243 MPF, 311f/ 244 MPF, 344/ 245 MPF, 339/ 246 MPF, 342/ 247 WRB, Heft 1/76N, 24ff/ 248 EGD, 67f/ 249 Michel Odent: Die sanfte Geburt, München 1978, 155ff/ 250 FO/27, 9/ 251 Sigmund Freud: Neue Folge…, a. a. O., 79/ 252 CA, 247f/ 253 CA, 13/ 254 Internationale Zeitschrift für Psychoanalyse, Bd. XIII (1927), 50/ 255 PT, 239/ 256 Viktor von Weizsäcker: Natur und Geist, Göttingen 1954, 198/ 257 z. B.: Lehrbuch der psychosomatischen Medizin, hg. v. Thure von Uexküll, München 1979; oder: Die Psychologie des 20. Jahrhunderts, Band IX, Psychosomatik, hg. v. Peter Hahn, Zürich 1979/ 258 Gustav von Bergmann: Rückschau, München 1953, 103/ 259 Theodor Brugsch: Arzt seit fünf Jahrzehnten, Berlin/DDR 1957, 244/ 260 Fritz Hartmann: Ärztliche Anthropologie, Bremen 1973, 271ff/ 261 PT, 217/ 262 Friedrich Kraus: Allgemeine und spezielle Pathologie der Person – Klinische Syzygiologie; Besonderer Teil I: Tiefenperson, Leipzig 1926/ 263 Internationale Zeitschrift für Psychoanalyse, Bd. XIII (1927), 338f/ 264 Wilhelm Reich: Die vegetative Urform des Libido-Angst-Gegensatzes, in: ZPS, Bd. I (1934), 211f/ 265 Wilhelm Reich: Der Urgegensatz des vegetativen Lebens, in: ZPS, Bd. I (1934), 133/ 266 Reich: Die vegetative Urform…, a. a. O., 224/ 267 Reich: Der Urgegensatz…, a. a. O., 126f/ 268 ebd., 129/ 269 Wilhelm Reich: Der Orgasmus als elektrophysiologische Entladung, in:

ZPS, Bd. I (1934), 34/ 270 ebd., 42f/ 271 Reich: Die vegetative Urform ..., a. a. O., 214/ 272 ZPS, Bd. I (1934), 163/ 273 zit. nach: ZPS, Bd. I (1934), 136/ 274 FO, 244/ 275 FO, 246/ 276 Reich: Die vegetative Urform ..., a. a. O., 218f/ 277 Sandro Bürgi: Das vegetative Nervensystem, Ingelheim 1969–73, Bd. III, 66ff/ 278 dtv-Atlas zur Biologie, München 1969, Bd. 2, 363/ 279 FO, 252/ 280 FO, 256/ 281 FO, 317/ 282 FO, 249/ 283 Wilhelm Reich: Experimentelle Ergebnisse über die elektrische Funktion von Sexualität und Angst, Kopenhagen 1937, 7/ 284 FO, 319f/ 285 FO, 325/ 286 FO, 321/ 287 Reich: Experimentelle Ergebnisse ..., a. a. O., 36/ 288 CA, 254/ 289 FO, 232/ 290 FO, 232/ 291 FO, 233/ 292 CA, 166/ 293 FO, 233/ 294 FO, 258/ 295 FO, 259/ 296 FO, 264/ 297 FO, 287/ 298 FO, 264/ 299 FO, 308/ 300 FO, 314/ 301 FO, 285/ 302 Sandro Bürgi: Das vegetative Nervensystem, a. a. O., Bd. I, 61/ 303 FO, 305/ 304 Alexander S. Neill: Neill, Neill, Birnenstiel; Reinbek 1973, 173/ 305 FO, 15/ 306 FO, 327/ 307 Reich: Die vegetative Urform ..., a. a. O., 216/ 308 ebd., 214/ 309 dtv-Atlas zur Biologie, a. a. O., Bd. 1, 33/ 310 Wilhelm Reich: Die Bione, Oslo 1938, 11/ 311 «Man braucht eine kritische Naturwissenschaft», Gespräch mit Erwin Chargaff, in: Nachrichten aus Chemie, Technik und Laboratorium, 25 (1977), 5ff/ 312 vgl. The Journal of Exp. Biology, Vol. 81 (1979), «Cellular Oscillators», pp. 3ff; s. a. die Arbeiten von Ilya Prigogine/ 313 Reich: Die Bione, a. a. O., 2/ 314 Reich: Die Bione, a. a. O./ 315 ebd., 26/ 316 K, 37f/ 317 Reich: Die Bione, a. a. O., 40ff/ 318 K, 46/ 319 K, 46/ 320 K, 33/ 321 The Nature of Life, ed. by William H. Heidcamp, XIIIth Nobel Conference, Baltimore 1977, 23ff/ 322 vgl. JO, Vol. XI (1977), 110ff/ 323 WRB, Heft 1/80/ 324 zit. nach Reich: Die vegetative Urform ..., a. a. O., 216/ 325 MPF, 22/ 326 in: ZPS, Bd. IV (1937), 137ff/ 327 vgl. Bericht von Gunnar Leistikow in: IJSO, Vol. I (1942), 266ff/ 328 IJSO (1942–45)/ 329 K, 30/ 330 K, 106/ 331 Wilhelm Reich: I. Bion Experiments on the Cancer Problem, II. Drei Versuche am Statischen Elektroskop, Oslo 1939, 27/ 332 K, 108f/ 333 Niels Bohr: Light and Life, in: Nature, 131 (1933), 457f/ 334 K, 37/ 335 K, 109/ 336 K, 109/ 337 K, 110/ 338 K, 110/ 339 K, 113/ 340 K, 114/ 341 K, 141/ 342 Wilhelm Reich: The Einstein Affair; Rangeley, Maine, USA 1953/ 343 WRB, Heft 2/76N, 41ff/ 344 Reich: The Einstein Affair, a. a. O., Document E–21/ 345 EGD, 4ff und AS, 27/ 346 CM, 31/ 347 CM, 30/ 348 CM, 389/ 349 WRB, Heft 1/80/ 350 K, 22/ 351 EGD, 5 und AS, 27/ 352 Die Psychologie des 20. Jahrhunderts, a. a. O., 524/ 353 Deutscher Bundestag, 8. Wahlperiode, Drucksache 8/3556 vom 16. 01. 80, 22/ 354 CM, 35/ 355 K, 24/ 356 K, 102/ 357 K, 24/ 358 K, 182f/ 359 K, 167f/ 360 K, 171/ 361 K, 316/ 362 WRB, Hefte 5, 6/77, 1/78; und K, 185f/ 363 K, 256/ 364 K, 405/ 365 Wilhelm Reich: Conspiracy, a. a. O./ 366 zit. nach Reich: Conspiracy, a. a. O., Document No. 12/ 367 K, 415/ 368 K, 421/ 369 Bulletin of the Menninger Clinic, Vol. 12 (1948), 61ff/ 370 William Washington File in: Reich: Conspiracy, a. a. O./ 371 Jerome Greenfield: Wilhelm Reich vs. the USA, New York 1974/ 372 Reich: Conspiracy, a. a. O., Document No. 488/ 373 James S. Turner: The Chemical Feast – A Ralph Nader Study Group Report on the FDA, New York 1970/ 374 Greenfield: Wilhelm Reich ..., a. a. O., 92/ 375 ebd., 127/ 376 ebd., Appendices 8 and 9, 343ff/ 377 ebd., 300f; auch AS, 560/ 378 ebd., 152f/ 379 Peter Reich: Der Traumvater, München 1975, 85ff/ 380 Greenfield: Wilhelm Reich ..., a. a. O., 60/ 381 Ilse Ollendorff-Reich: Wilhelm Reich, a. a. O., 186/ 382 ebd., 197/ 383 v. 16th Nov. 1957

Zeittafel

1897 am 24. März Wilhelm Reich in Dobzau/Galizien geboren; Eltern: Léon Reich und Cecilia, geb. Roniger; assimilierte, jedoch nicht zum Christentum konvertierte Juden; Gutsbesitzer in Jurinetz/Bukowina

1900 Geburt von Reichs Bruder Robert. Freuds «Traumdeutung» erscheint

1905 Freuds «Drei Abhandlungen zur Sexualtheorie» erscheinen

1909 Reichs Mutter begeht Selbstmord. Reich besucht das Gymnasium in Czernowitz (zuvor Unterricht durch Hauslehrer)

1914 Reichs Vater stirbt an Tuberkulose; Reich übernimmt die Leitung des Guts

1915 Abitur und Einberufung zum Kriegsdienst

1918 Beginn des Studiums im WS 1918/19 in Wien

1919 Privat organisiertes «Studentenseminar für Sexuologie»; Behandlung seines ersten Patienten mit der psychoanalytischen Methode

1920 Eintritt in die Wiener Psychoanalytische Gesellschaft

1921 Vortrag *Zur Triebenergetik* vor der Wiener Psychoanalytischen Gesellschaft.
Freuds «Jenseits des Lustprinzips» erscheint.
Reich heiratet Annie Pink (geb. 1902), die ebenfalls Medizin studiert und an der Psychoanalyse interessiert ist

1922 Abschluß des Studiums: Dr. med.; Beginn der Arbeit am Wiener Psychoanalytischen Ambulatorium für Mittellose und am Wiener Seminar für Psychoanalytische Therapie (beide Einrichtungen waren Neugründungen)

1924 Reich wird Direktor des «Seminars».
Geburt der Tochter Eva.
Beginn der Beschäftigung mit den sozialen Ursachen psychischer Erkrankungen

1926 Reichs Bruder Robert erkrankt an Tuberkulose und stirbt; Friedrich Kraus' Buch über die «Tiefenperson» (s. Anm. 262) erscheint: ... *der erste erfolgreiche Versuch, die funktionale Natur des Nervensystems ... mechanistischen Konzepten gegenüberzustellen.*

1927 Februar: Reich erkrankt ebenfalls an Tuberkulose und verbringt einige Monate in einem Sanatorium in Davos («Konflikt mit Freud», s. Foto S. 34); *Die Funktion des Orgasmus* erscheint; unter dem Eindruck des niedergeschlagenen spontanen Aufstandes vom 15. Juli in Wien tritt Reich in die KP ein, bleibt aber in der SP;
Sommer: Reich liest «Das Kapital» von Marx; September: *Zur Technik der Charakteranalyse*

1928 Geburt der Tochter Lore;

Reich nimmt an Aktionen der (einflußlosen) KP teil

1929 Januar: Gründung der «Sozialistischen Gesellschaft für Sexualberatung und Sexualforschung», Eröffnung von Beratungsstellen in Wien; *Dialektischer Materialismus und Psychoanalyse* erscheint;
September: Reise in die Sowjet-Union
13. Dezember: Gründungsversammlung eines «Komitees revolutionärer sozialdemokratischer Arbeiter» auf Initiative Reichs.

1930 3. Januar: Erste Ausgabe von Reichs Zeitung *Der revolutionäre Sozialdemokrat* erscheint; Folge: Ausschluß Reichs aus der SP am 16. Januar;
September: Kongreß der Weltliga für Sexualreform in Wien (s. Bibl. [35]);
Umzug nach Berlin

1931 Gründung des Sexpol-Verlages in Berlin

1932 Gründung des Deutschen Reichsverbandes für Proletarische Sexualpolitik als Unterorganisation der KPD, der von der Parteiführung etwa ein Jahr später liquidiert wird

1933 Flucht Anfang März nach Wien, ab Mai Exil in Kopenhagen; Trennung von seiner Frau Annie, die mit den Kindern nach Wien geht. Elsa Lindenberg, Ballettänzerin der Berliner Staatsoper und Kommunistin, wird (ohne formelle Eheschließung) Reichs zweite Frau.
Charakteranalyse erscheint im März; *Massenpsychologie des Faschismus* erscheint im September. Im dänischen Exil: theoretische Zusammenfassung isolierter Ergebnisse aus verschiedenen Wissenschaften zu einheitlichem Konzept der Funktionsweise des Organismus.
Beginn der Entwicklung der Charakteranalyse zur Vegetotherapie (Entdekkung des «Muskelpanzers»).
Nach sechs Monaten Entzug der Aufenthaltsgenehmigung für Dänemark; Reise nach London, Paris, Zürich, Wien, Prag auf der Suche nach neuem Exil. Beginn der Freundschaft mit dem Anthropologen Bronislaw Malinowski (dessen Arbeiten über die Trobriander waren Grundlage für Reichs Theorie vom *Einbruch der Sexualmoral*), den er in London erstmals traf.
September: Wahl von Malmö als neues Exil, da Schüler und Mitarbeiter im nahegelegenen Kopenhagen bleiben konnten.

1934 Juni: Aufenthaltserlaubnis in Schweden wird nicht verlängert; Reich verbringt den Sommer illegal in Dänemark.
Auf dem 13. Internationalen Kongreß der Psychoanalytiker, Ende August in Luzern, wird Reich aus der Psychoanalytischen Vereinigung ausgeschlossen.
Oktober: Umsiedlung nach Oslo; dort Beginn der Versuche zur Elektrophysiologie von Sexualität und Angst

1936 Einrichtung eines Laboratoriums und Beginn der Bionversuche.
Die Sexualität im Kulturkampf erscheint, worin Reich scharfe Kritik an der Entwicklung in der Sowjet-Union übt

1937 Beginn der Freundschaft mit A. S. Neill nach einem Treffen in Oslo.
Erster Bericht über Ergebnisse der Bionversuche löst monatelange Pressekampagne gegen Reich aus, wodurch seine Aufenthaltsgenehmigung erneut gefährdet ist.
Reichs Krebsforschung beginnt als Zweig der Bionforschung

1939 Ende August: Emigration nach New York mit Professorenvisum; Lehrauftrag an der New School for Social Research; dort Wiedersehen mit Malinowski.

Elsa Lindenberg bleibt in Norwegen; Ende Dezember heiratet Reich Ilse Ollendorff (geb. 1909)

1940 Entdeckung der Orgonenergie in der Atmosphäre; Beginn der Versuche mit dem Orgon-Akkumulator

1941 Januar/Februar: Begegnungen mit Einstein

1942 *The Function of the Orgasm* erscheint, das *International Journal of Sex-Economy and Orgone Research* wird gegründet

1944 Geburt des Sohnes Peter

1946 Artikel in der «New Republic» stellen den Auftakt einer publizistischen Kampagne gegen Reich dar, als deren Folge bald die Ermittlungen der Food Drug Administration (FDA) gegen ihn und die Orgonmediziner beginnen.

Im Sommer: Umsiedlung von New York nach «Orgonon», einem Anwesen in der Nähe des Ortes Rangeley/Maine

1948 *The Cancer Biopathy* erscheint

1950 Mitte Dezember: ORANUR-Experiment zur Erforschung der Beziehung zwischen Orgon- und Nuklearstrahlung beginnt

1952 Im Sommer: Beginn der Versuche mit dem «Cloud Buster», einem Gerät zur Wetterbeeinflussung

1953 Nach Erscheinen des Keyhoe-Reports beschäftigt sich Reich mit dem UFO-Problem

1954 Februar: Reich bleibt der Gerichtsverhandlung fern, in der die FDA eine Anklage wegen des Vertriebs der Orgon-Akkumulatoren vorbringt. Folge: Gerichtliche Verfügung, die die Vernichtung aller Orgon-Akkumulatoren und aller Bücher Reichs bzw. seiner Mitarbeiter anordnet.

Juni: Ilse Ollendorff trennt sich von Reich.

Oktober: Beginn einer Expedition in die Wüste Arizonas, um dort Versuche zur Wetterbeeinflussung durchzuführen

1956 3.–7. Mai: Prozeß gegen Reich wegen Mißachtung des Gerichts (weil er 1954 der Verhandlung ferngeblieben war). Urteil: Reich, zwei Jahre Freiheitsstrafe; Reich Foundation, 10000 Dollar Geldstrafe; Dr. Silvert, ein Mitarbeiter Reichs, ein Jahr und ein Tag Freiheitsstrafe.

Bücher und Orgon-Akkumulatoren werden in mehreren Aktionen unter FDA-Aufsicht vernichtet

1957 Januar (Berufungsverfahren laufen noch): Ehevertrag mit Aurora Karrer (geb. 1924)

12. März: Strafantritt nach Scheitern der Berufung.

3. November: Tod

Zeugnisse

Alexander S. Neill
Ich habe nie wieder einen solch entspannten Menschen gekannt. Wenn ich sein Kinn berührte, ging es auf und zu wie ein geölter Kofferdeckel. Sein Körper war immer entspannt. Seinen Geist sah ich jedoch selten ruhen. Seine Gespräche drehten sich immer um seine Arbeit, und nur wenn wir ins Kino in Rangeley gingen, ließ er sich vollkommen ablenken. Ihm gefiel jeder Film, ganz gleich welcher, und eines Abends, als wir einen Film gesehen hatten, den ich für schlecht hielt, ärgerte er sich über mich, weil ich mich so äußerte. Ich erinnere mich an einen meiner alten Lehrer, der aus Kanada zu Besuch kam. Während des Tees redeten wir allgemein über Autos, Filme und alles mögliche. Der arme Reich saß mit grämlichem Gesicht schweigend in einer Ecke. Als wir allein waren, sagte er: «Neill, noch so einen Nachmittag ertrage ich nicht. Gesellschaftskonversation bedeutet die Hölle für mich.» Und doch war er so gütig zu den Leuten. Eine seiner Redewendungen war: Jeder hat irgendwie recht. Aber bei jedem Angriff auf seine Arbeit wurde er wütend. Er dachte nicht daran, die andere Backe hinzuhalten, wenn Mißgünstige seine Arbeit verunglimpften. Er war von aufbrausendem Temperament und versuchte auch nicht, es zu unterdrücken oder zu verstecken. Gleichzeitig besaß er aber auch die wunderbare Fähigkeit, sanft und zärtlich zu sein ...

Auf seine äußere Erscheinung legte er keinen großen Wert. Er trug meistens eine karierte Woll-Ärmelweste (auch mir kaufte er drei, die ich sehr schätze). Bluejeans und ein offenes Hemd vervollständigten seinen Aufzug ... Nie sah ich die geringste Spur von Exhibitionismus bei ihm. Er war sehr gütig und nachsichtig, vertrug Narren jedoch nur widerwillig. Der Überhebliche machte ihn rasend, und jedes Zeichen von Unaufrichtigkeit oder Heuchelei ließen ihn rot sehen ...

Als seine *Funktion des Orgasmus* während des Krieges zum erstenmal veröffentlicht wurde, sandte er mir mindestens zwei Dutzend Exemplare. Voller Begeisterung schickte ich sie an Leute, von denen ich glaubte, sie könnten daran interessiert sein ... Ich sandte das Buch an Wissenschaftler, die es meist als Blödsinn abtaten. Ich versuchte es mit Persönlichkeiten des öffentlichen Lebens. Die Resultate waren negativ, was ich Reich dann auch mitteilte. Er war mir böse. «Ich möchte nicht, daß irgend jemand aufgefordert wird, mein Werk gutzuheißen. Ich will nicht, daß du versuchst, irgend jemanden dafür zu interessieren. Doch dann fragte ich mich, warum er mir so viele Bücher sandte ...

Als wir im Jahre 1947 und 1948 gemeinsam in den Wäldern von Maine spazierengingen, kam es vor, daß er plötzlich stehenblieb und mir die Frage entgegenschleuderte: «Glaubst du, daß ich verrückt bin, Neill?» Meine Antwort war immer dieselbe: «So verrückt wie ein Wasserhuhn!» In Momenten wie diesen sehe ich sein freundliches Gesicht vor mir, und die visuelle Erinnerung erfüllt mich mit Schmerz. Ich kann einfach nicht glauben, daß Reich verrückt wurde. Er mag durchaus zu Wahnvorstellungen fähig gewesen sein. Wir alle haben mehr oder weniger paranoide Phantasien ... Als er auf Anordnung des Richters von Psychiatern untersucht wurde, erklärten diese ihn für geistig gesund. In einem meiner letzten Briefe an ihn sagte ich ungefähr folgendes: «Wenn Dulles und Ike und Macmillan und Chruschtschow alle geistig gesund sind, dann bist Du wahnsinnig – und ich bin für Wahnsinn.»

«Reich als Mensch» (1958). In: Ilse Ollendorff-Reich: «Wilhelm Reich». München 1975

Ola Raknes
Das erste Mal traf ich Wilhelm Reich um Ostern 1934 in Oslo auf dem Kongreß der skandinavischen Psychoanalytiker ... Was mich sofort stark beeindruckte ... war seine außerordentliche Vitalität, seine Lebhaftigkeit und sein Charme ... In seinen Vorträgen auf dem Kongreß und in den anschließenden Diskussionen ... bestach er durch die Klarheit seiner Gedanken, durch die Einfachheit, mit der er die Fakten ordnete und durch die Aufgeschlossenheit, mit der er den anderen Teilnehmern begegnete ... Den stärksten Eindruck in den vielen Gesprächen mit Reich hinterließ mir seine völlig freie und offene Art, die Menschen und Dinge ungehemmt durch irgendwelche Konventionen zu betrachten. Er erinnerte mich an Askeladden, den Helden der norwegischen Sagen, der Dinge hört und sieht, an denen andere achtlos vorübergehen oder die sie gedankenlos als Selbstverständlichkeiten hinnehmen ... Er konnte in unerhörtem Ausmaße anderen die Augen öffnen ...

Er stand in dem Ruf, aggressiv zu sein, und in gewisser Hinsicht war er es auch und wollte es sein: Witterte er Feindschaft oder Intrigen, wartete er nicht, bis er offen angegriffen wurde, sondern begann selbst den Kampf ... Im ganzen würde ich ihn nicht aggressiv nennen, er war freundlich und herzlich und oft ausgesprochen liebenswürdig. Traf er aber auf Feindschaft, so zeigte er deutlich, daß er auch aggressiv sein konnte, wenn es nötig war.

«Wilhelm Reich und die Orgonomie». Frankfurt a. M. 1973

Bronislaw Malinowski
Ich kenne Dr. Wilhelm Reich fünf Jahre und habe in dieser Zeit seine Bücher gelesen und auch des öfteren, in London und in Oslo, ausgiebige Gespräche und Diskussionen mit ihm gehabt. Sowohl seine veröffentlichten Schriften als auch meine persönliche Bekanntschaft mit ihm hinterließen mir den Eindruck eines schöpferischen und gründlichen Denkers, einer wirklichen Persönlichkeit, eines Mannes mit offenem Charakter und unerschrockenen Ansichten. Ich betrachte seine soziologischen Arbeiten als eigenständige und wertvolle Beiträge zur Wissenschaft. Es wäre meiner Meinung nach ein großer Verlust, wenn Dr. Reich bei der Ausarbeitung seiner Gedanken und wissenschaftlichen Entdeckungen in irgendeiner Weise behindert würde.

Ich möchte hinzufügen – und dadurch mag sich der Aussagewert meines Zeugnisses erhöhen –, daß ich weder Dr. Reichs progressive Ansichten noch seine Sympathien mit der Marxschen Philosophie teile; ich pflege mich selbst als altmodischen, fast konservativen Liberalen zu bezeichnen.

London, den 12. März 1938
(In: «Reich Speaks of Freud». New York 1967)

Bela Grunberger/Janine Chasseguet-Smirgel
Wenn die Psychose von Reich auch erst nach 1934 manifest ist ... so muß man doch feststellen, daß sie tatsächlich schon seit langem latent vorhanden war.

«Freud oder Reich?». Frankfurt a. M.–Berlin–Wien 1979

Jean Amery
Was Reich der Psychoanalyse theoretisch beigebracht hat, ist eine quantité négligeable; man darf ihn auf diesem Feld nicht vergleichen mit Theodor Reik oder Otto Rank, zu schweigen von ... Abraham, Federn, Ferenczi.

«Wilhelm Reich oder die Holzwege der Seelenkunde».
In: «Merkur», Mai 1971

Eustace Chesser
Es ist nicht erwiesen, daß es nur einen korrekten Orgasmus gibt. Viele Leute genießen Sex auf eine Weise, die sehr unterschiedlich ist von der, die Reich vorgeschrieben hat; sie tun dies ohne Angst und Schuldgefühle ... Die Gefahr der Betonung eines solchen Ideals liegt darin, daß viele Leute, die zuvor mit ihrem Liebesleben recht zufrieden waren, dadurch unzufrieden werden.

«Reich and Sexual Freedom». London 1972

David Cooper
Wir können heute sehen, daß jedes der Kriterien von Wilhelm Reich über den Orgasmus falsch gewesen ist (dies ungeachtet meines tiefen Respekts vor Reichs Werk im allgemeinen).
«Von der Notwendigkeit der Freiheit». Frankfurt a. M. 1977

Ronald D. Laing
Ob man mit diesem oder jenem Detail seiner Theorie übereinstimmt oder nicht: es ist nicht zu leugnen, daß Reich ein hervorragender Kliniker mit ungewöhnlich weitem Horizont war. Seine Fallgeschichten mit schizoiden und schizophrenen Patienten sind für jeden lehrreich, der auf diesem Gebiet arbeitet. Den Dreck, in dem wir alle stecken – sei er nun hysterisch, zwanghaft, psychosomatisch oder das Leben des homo normalis –, verstand Reich wie kaum ein anderer. Doch man wird Hunderte von Zeitschriften in der Royal Society of Medicine vergeblich durchsehen, wenn man seinen Namen sucht. Warum wird er nie erwähnt?
Aus der Zeitschrift «New Society», March 1968

Gunter Schmidt und Eberhard Schorsch
In seiner Zielvorstellung einer befreiten Sexualität basiert Reich auf dem psychoanalytischen Modell einer «reifen», d. h. einer genitalen Heterosexualität. In dem Wort «reif» liegt schon die ganze Konformität dieses Modells ... Die Reduktion der Sexualität auf den koitalen Orgasmus bei Reich spiegelt die Prüderie einer antisexuellen Moral wider ...
«Ergebnisse zur Sexualforschung». Köln 1975

Hans Magnus Enzensberger
Unter dem Banner des Marxismus: vergilbte Hefte. Im Ernst, er kämpfte gegen die Unterdrückung, hat vielen geholfen ...
Danach nur noch Kauderwelsch, Science Fiction. Lebensbläschen gegen die emotionale Pest. Vegeto-Bio-Orgon-Energetik, kurz: Der Orgasmus ist der Orgasmus ist der Orgasmus.
O Dr. Mabuse! O Maniak der Erlösung! O Rosenkreuzer des Ficks!
O Billiger Jakob der Wissenschaft! O Bauchredner Christi!
O hilfloser Helfer der Menschheit! O mystischer Technokrat!
O Kabbalist aus dem Horrorfilm! O kaputter Befreier!
... Er, der Entdecker,
in Handschellen vorgeführt, verweigert jegliche Auskunft.
Sein Plädoyer ist wirr, er stockt, endlich verstummt er.
«Mausoleum». Frankfurt a. M. 1975

Bibliographie

Abkürzungen:

AOI Annals of the Orgone Institute (Editor: Wilhelm Reich; Nr. 1: 1947, Nr. 2: 1949; Orgone Institute Press, New York)

CORE Cosmic ORgone Engineering (Editor: Wilhelm Reich; Vol. 6: 1954, Vol. 7: 1955, Fortsetzung von OEB; Orgone Institute Press, Rangeley, Maine, USA)

IJSO International Journal of Sex-Economy and Orgone Research (Editor: Theodore P. Wolfe; Vol. I–IV: 1942–45; Orgone Institute Press, New York)

IZP Internationale Zeitschrift für Psychoanalyse (Herausgeber: Sigmund Freud; 1913–41; Internationaler Psychoanalytischer Verlag, Wien)

OEB Orgone Energy Bulletin (Edited by the teaching and research staff under the direction of Wilhelm Reich; Vol. I–V: 1949–53; Orgone Institute Press, New York)

OM Orgonomic Medicine (Editor: Elsworth F. Baker; Vol. I: 1955, Vol. II: 1956; Tenny Press, New York)

ZPP Zeitschrift für Psychoanalytische Pädagogik (Herausgeber: Heinrich Meng und Ernst Scheider; 1926–35; Verlag der ZPP, Wien)

ZPS Zeitschrift für Politische Psychologie und Sexualökonomie (Herausgeber: Ernst Parell, d. i. Wilhelm Reich, für die Hefte 1–12, Sigurd Hoel für die Hefte 13–15; Bd. I–V: 1934–39; Sexpol-Verlag, Kopenhagen, Oslo)

ZSW Zeitschrift für Sexualwissenschaft (Herausgeber: Iwan Bloch; 1913–32; Verlag Marcus & Weber, Bonn)

1. Schriften Reichs

1.1 bei verschiedenen Verlagen (bis 1932)

[1] Zur «Aufklärung» im Kampfe gegen die Geschlechtskrankheiten, ZSW VI (1919)

[2] Libidokonflikte und Wahngebilde in Ibsens «Peer Gynt», Vortrag vor der Wiener Psychoanalytischen Vereinigung im Oktober 1920, erstmals veröffentlicht in [235]

[3] Über einen Fall von Durchbruch der Inzestschranke in der Pubertät, ZSW VII (1920); in [235]

[4] Der Koitus und die Geschlechter, ZSW VIII (1921); in [235]

[5] Kindliche Tagträume einer späteren Zwangsneurose, IZP VII (1921)

[6] Trieb- und Libidobegriffe von Forel bis Jung, ZSW IX (1922); in [235]

[7] Über Spezifität der Onanieformen, IZP VIII (1922); in [235]

[8] Zwei narzißtische Typen, IZP VIII (1922); in [235]
[9] Zur Trieb-Energetik, ZSW X (1923); in [235]
[10] Über Genitalität, IZP X (1924); in [235]
[11] Die therapeutische Bedeutung der Genitallibido, IZP X (1924)
[12] Der psychogene Tic als Onanie-Äquivalent, ZSW XI (1924); in [235]
[13] Weitere Bemerkungen über die therapeutische Bedeutung der Genitallibido, IZP XI (1925); in [235]
[14] Eine hysterische Psychose in statu nascendi, IZP XI (1925); in [235]
[15] *Der triebhafte Charakter*, Leipzig/Wien/Zürich 1925, 132 S.; in [235]
[16] Über die Quellen der neurotischen Angst, IZP XII (1926)
[17] Über die chronische hypochondrische Neurasthenie mit genitaler Asthenie, IZP XII (1926)
[18] Eltern als Erzieher – Teil I: Der Erziehungszwang und seine Ursachen, ZPP I (1926)
[19] Eltern als Erzieher – Teil II: Die Stellung der Eltern zur kindlichen Onanie, ZPP II (1927)
[20] *Die Funktion des Orgasmus*, Leipzig/Wien/Zürich 1927, 206 S.; nicht identisch mit dem 1969 (engl. 1942) erschienenen Buch mit dem gleichen Titel
[21] Strafbedürfnis und neurotischer Prozeß – Kritische Bemerkungen ... und: Abschließende Erwiderung auf Alexanders Entgegnung, IZP XIII (1927)
[22] Zur Diskussion der Laienanalyse, IZP XIII (1927)
[23] Erster Bericht über das «Seminar für Psychoanalytische Therapie» am psychoanalytischen Ambulatorium in Wien (1925/26), IZP XIII (1927)
[24] Zur Technik der Deutung und der Widerstandsanalyse, IZP XIII (1927); in [95]
[25] Über Charakteranalyse, IZP XIV (1928); in [95]
[26] Über die Onanie im Kindesalter, ZPP II (1928)
[27] Wohin führt die Nackterziehung?, ZPP III (1928)
[28] Die Rolle der Genitalität in der Neurosentherapie, in: Allgemeine ärztliche Zeitschrift für Psychotherapie und psychische Hygiene, hg. v. Robert Sommer, Leipzig, I (1928)
[29] Zweiter Bericht über das «Seminar für Psychoanalytische Therapie» in Wien (1926–28), IZP XIV (1928)
[30] *Sexualerregung und Sexualbefriedigung*, Wien 1929, 32 S. (populär abgefaßte Broschüre für Jugendliche)
[31] Der genitale und der neurotische Charakter, IZP XV (1929); in [95]
[32] Dialektischer Materialismus und Psychoanalyse, in: Unter dem Banner des Marxismus 3 (1929); vgl. [82]
[33] Die Stellung der Psychoanalyse in der Sowjet-Union – Notizen von einer Studienreise in Rußland, in: Die psychoanalytische Bewegung I (1929)
[34] Erfahrungen und Probleme der Sexualberatungsstellen für Arbeiter und Angestellte in Wien, in: Der sozialistische Arzt V (1929)
[35] Die Sexualnot der werktätigen Massen und die Schwierigkeiten der Sexualreform, in: Sexualnot und Sexualreform – Verhandlungen der Weltliga für Sexualreform, IV. Kongreß, Wien 1930
[36] *Geschlechtsreife – Enthaltsamkeit – Ehemoral*, Wien 1930, 182 S.
[37] Über kindliche Phobie und Charakterbildung, IZP XVI (1930); in [95]
[38] Die charakterologische Überwindung des Ödipuskomplexes, IZP XVII (1931); in [95]

[39] Über den epileptischen Anfall, IZP XVII (1930)
[40] Die seelischen Erkrankungen als soziales Problem, in: Der sozialistische Arzt VII (1931)
[41] Der masochistische Charakter, IZP XVIII (1931); in [95]
[42] Abschließende Bemerkung zur «Gegenkritik» Bernfelds (diese ist im gleichen Heft: Die kommunistische Diskussion um die Psychoanalyse und Reichs «Widerlegung der Todestriebhypothese»), IZP XVIII (1932)

1.2 Schriften Reichs im Sexpol-Verlag (1932–1939)

1.2.1 Beiträge in der ZPS

in Band I (1934):
[43] Zur Einführung
[44] Zur Anwendung der Psychoanalyse in der Geschichtsforschung; in [82]
[45] (Ernst Parell:) Was ist Klassenbewußtsein? (3 Teile); vgl. [81]
[46] Der Orgasmus als elektrophysiologische Entladung
[47] (Ernst Parell:) Einwände gegen Massenpsychologie und Sexualpolitik (2 Teile)
[48] Ein Widerspruch der Freudschen Verdrängungslehre; in [98]
[49] Roheims «Psychoanalyse primitiver Kulturen»; in [97]
[50] Der Urgegensatz des vegetativen Lebens (2 Teile); vgl. [87]
[51] Einige Gedanken über freundschaftliche Kritik oder «Der Stein von Eslöv»
[52] Zur Geschichte der Sexpol-Bewegung I
[53] Grundsätze zur Diskussion über die Neuformierung der Arbeiterbewegung
in Band II (1935):
[54] Überblick über das Forschungsgebiet der Sexualökonomie
[55] (Jonny:) Zur massenpsychologischen Wirkung des Kriegsfilms
[56] (Walter Roner:) Die Funktion der «objektiven Wertwelt»
[57] (Ernst Parell:) Ein Gespräch mit einem Frisörgehilfen
[58] (anonym:) Der Ausschluß Wilhelm Reichs aus der IPV
[59] Zur Geschichte der Sexpol-Bewegung II
[60] (Ernst Parell:) Unterschiede zwischen liberalistischer Sexualreform und revolutionärer Sexualpolitik
[61] (Ernst Parell:) Wie wirkt Streichers sadistische Pornographie?
[62] Der Kampf um die neue Moral – Die Bremsung der Sexualrevolution in der USSR; in [98]
[63] Der Jude im faschistischen Licht
[64] Über Psychoanalyse, Krieg und Frieden
in Band III (1936):
[65] Der kulturpolitische Standpunkt der Sexpol
[66] Ein Briefwechsel über dialektischen Materialismus
[67] (Ernst Parell:) Die Sexpol als Organisation der dialektisch-materialistischen Psychologie
[68] Fortpflanzung eine Funktion der Sexualität
[69] (Waller:) Au secours de la famille
[70] Gespräch mit einer vernünftigen Mutter

[71] Charakter und Gesellschaft
[72] Unser Glückwunsch an Freud
in Band IV (1937):
[73] Einige aktuelle Fragen der zweiten Front
[74] (Jonny:) Der Film «The shape of things to come» – Zum Problem der politisch organisierten Wissenschaft
[75] Der Orgasmusreflex; in [90]
[76] Der dialektische Materialismus in der Lebensforschung (Bericht über die Bion-Versuche)
[77] Dialektisch-materialistische Facharbeiter contra geistige Irrlichter der sozialistischen Bewegung
in Band V (1938):
[78] Lied der Jugend
[79] Die drei Grundelemente des religiösen Gefühls; in [196]
[80] Selbstverständlichkeiten

1.2.2 Schriftenreihen

Politisch-Psychologische Schriftenreihe der Sex-Pol
[81] Nr. 1: (Ernst Parell:) *Was ist Klassenbewußtsein?*, Kopenhagen 1934, 71 S. (auch in ZPS I (1934), S. 16–29, 90–107, 226–255)
[82] Nr. 2: *Dialektischer Materialismus und Psychoanalyse*, Kopenhagen 1934 (2. erw. Aufl. von [32], enthält [44]), 60 S.
[Nr. 3: *Religion, Kirche, Religionsstreit in Deutschland* (Verf.: Karl Teschitz), Kopenhagen 1935, 112 S.]
[83] Nr. 3a: *Masse und Staat*, Kopenhagen 1935, 122 S. (nur zur internen Diskussion, nicht im Handel); revidiert in [196]
[84] Nr. 4: (von einem Laboratoriumsarbeiter:) *Die natürliche Organisation der Arbeit in der Arbeitsdemokratie*, Oslo 1939, 83 S.
[85] Nr. 5: (von einem Laboratoriumsarbeiter:) *Weitere Probleme der Arbeitsdemokratie*, Europa 1941, 81 S.
Abhandlungen zur personellen Sexualökonomie
[86] Nr. 1: *Der Orgasmus als elektrophysiologische Entladung*, (auch in: ZPS I (1934), S. 29–43)
[87] Nr. 2: *Der Urgegensatz des vegetativen Lebens*, Kopenhagen 1935, 35 S. (auch in ZPS I (1934), S. 125–142, 207–225)
[88] Nr. 3: *Psychischer Kontakt und vegetative Strömung*, Kopenhagen 1935, 60 S.; in [194]
Fortsetzung der Reihe als
Klinische und experimentelle Berichte aus dem Institut für sexualökonomische Lebensforschung
[89] Nr. 4: *Experimentelle Ergebnisse über die elektrische Funktion von Sexualität und Angst*, Kopenhagen 1937, 42 S. (+ XI); teilw. in [193]
[90] Nr. 5: I. *Orgasmusreflex, Muskelhaltung und Körperausdruck; II. Der dialektische Materialismus in der Lebensforschung*; Oslo 1937, 49 + 12 S.; teilw. in [193]
[91] Nr. 6: *Die Bione* – Zur Entstehung des vegetativen Lebens, Oslo 1938, XIV + 205 S.
[92] Nr. 7: I. *Bion Experiments on the Cancer Problem (incl. 38 Mikro-Photos);*

II. Drei Versuche am Statischen Elektroskop; Oslo 1939, 28 S.

1.2.3 Bücher

[93] *Der sexuelle Kampf der Jugend*, Berlin 1932, VIII + 152 S.
[94] *Der Einbruch der Sexualmoral*, Berlin 1932, XIV + 119 S.; vgl. [97]
[95] *Charakteranalyse*, o. O. (Selbstverlag), 1933, 288 S.
[96] *Massenpsychologie des Faschismus*, Kopenhagen 1933, 283 S.
[97] *Der Einbruch der Sexualmoral*, 2. erw. Aufl., Kopenhagen 1935, XV + 151 S. (enthält [49])
[98] *Die Sexualität im Kulturkampf*, Kopenhagen 1936, XVI + 250 S. (2. erw. Aufl. von [36], enthält [62], [48])

1.3 Schriften Reichs bei Orgone Institute Press

1.3.1 Beiträge in verschiedenen Zeitschriften

IJSO, Vol. I (1942):

[99] About the History and the Activities of our Institute
[100] Biophysical Functionalism and Mechanistic Natural Science
[101] The Discovery of the Orgone; in [197]
[102] The Carcinomatous Shrinking Biopathy; in [197]
[103] Natural Organization of Protozoa from Orgone Energy Vesicles; in [197]
Notizen u. ä.:
[104] Sex-Economy and Medicine
[105] In memoriam: Bronislaw Malinowski
[106] Physiological Anchoring of Psychic Conflicts
[107] Warning against Application of Sex-Economic Knowledge
[108] On the Technique of Irrationalism in Social Life
[109] Sex-Economy and Everyday Life: Character Armor in Everyday Life

IJSO, Vol. II (1943):

[110] Experimental Orgone Therapy of the Cancer Biopathy; in [197]
[111] Give Responsibility to Vitally Necessary Work; in [196]
[112] The Biological Miscalculation in the Human Struggle for Freedom; in [196]
[113] Work Democracy versus Politics; in [196]
Notizen u. ä.:
[114] Abolition of Co-Education in Russia
[115] Notice from the Orgone Institute regarding Orgone Accumulators
[116] Warning against the Misinterpretation of Sexual Health

IJSO, Vol. III (1944):

[117] Thermical and Electroscopical Orgonometry; in [197]
[118] Orgonotic Pulsation – Talks with an Electro Physicist
[119] The «Living Productive Power, Working Power» of Karl Marx; in [205]

Notizen u. ä.:
[120] Rational and Irrational Discussion of Orgone Biophysics
[121] A Sex-Economic Prediction Come True

IJSO, Vol. IV (1945):
[122] Anorgonia in the Carcinomatous Shrinking Biopathy; in [197]
[123] Some Mechanisms of the Emotional Plague; in [198]
[124] Orgone Biophysics, Mechanistic Science, and «Atomic Energy»
[125] Experimental Demonstration of the Physical Orgone Energy; in [197]
[126] The Development of the Authoritarian State Apparatus from Rational Social Relationships; in [196]
Notizen u. ä.:
[127] Outline of the Present Activities of the Orgone Institute
[128] Is the Orgone Atomic Energy?
[129] The Position of Sex-Economy
[130] From the Orgone Institute

AOI, Vol. I (1947):
[131] Work Democracy in Action
Nachruf:
[132] In memoriam: Fritz Brupbacher

AOI, Vol. II (1949):
enthält den Text, der später gesondert als Buch erschienen ist:
[133] Ether, God, and Devil; vgl. [200]

OEB, Vol. I (1949):
[134] Orgonotic Light Functions (1): Searchlight Phenomena in the Orgone Energy Envelope of the Earth (1942–44)
[135] A Motor Force in Orgone Energy
[136] Orgonotic Light Functions (2): An X-Ray Photograph of the Excited Orgone Energy Field of the Palms (1944)
[137] Orgonotic Light Functions (3): Further Physical Characteristics of Vacor Lumination (1948)
[138] Public Responsibility in the Early Diagnosis of Cancer
[139] A Dilemma in Social Self-Government
[140] Cosmic Orgone Energy and «Ether»
Notizen u. ä.:
[141] Introduction to the Orgone Energy Bulletin
[142] Regarding the Founding of the «American Association for Medical Orgonomy»
[143] Some Basic Principles of our Social Attitude
[144] A Psychoanalytic Dilemma
[145] On Criticism of the Critic
[146] A Clarification
[147] A Note on Basic Natural-Scientific Research

OEB, Vol. II (1950):
[148] Orgonomic Functionalism, Part II (Part I is «Ether, God, and Devil»)

[149] Orgonomic and Chemical Cancer Research
[150] Orgonomy 1935–1950
[151] Orgonomic Equations: I. General Form
[152] Meteorological Functions in Orgone Charged Vacuum Tubes
[153] Children of the Future
[154] The Orgone Energy Observatory (1948)
[155] A «Control» of Reichs Cancer Experiments
[156] The Orgonomic Anti-Nuclear Radiation Projekt (ORANUR) – in: OEEB, Orgone Energy Emergency Bulletin, Dec. 1950
Notizen u. ä.:
[157] Note on Electroscopic Orgonometry
[158] Our Biosocial Base of Operation
[159] On Scientific «Control»
[160] «Heatwaves»
[161] Cancer – «Outside the Domain»
[162] Re Koestler: The God that Failed
[163] Orgonomic Literature Ordered from Russia

OEB, Vol. III (1951):
[164] «Cancer Cells» in Experiment XX
[165] Orgonomic Equations: II. Complete Orgonometric Equations
[166] The Storm of November 25th and 26th, 1950
[167] The Leukemia Problem: Approach
[168] Armoring in a Newborn Infant
[169] Dowsing as an Object of Orgonomic Research
[170] Wilhelm Reich on the Road to Biogenesis (1935–39); in [205]
[171] The ORANUR Experiment – First Report (1947–51); vgl. [203]
Notizen u. ä.:
[172] Rules to Follow in Basic Research
[173] The Anti-Nuclear Radiation Effect of Cosmic Orgone Energy
[174] .»Discovery of Life» in Russia
[175] A Few Directives in Stormy Social Weather
[176] «Air Germs»
[177] Corroboration of Orgone Biophysics
[178] Our Independence

OEB, Vol. IV (1952):
[179] Orgonomic Functionalism, Part II cont'd: Orgonomic Thinking in Medicine
[180] An Experiment in Social Administration
[181] Truth versus Modju
[182] DOR Removal and Cloud Busting

OEB, Vol. V (1953), Nos. 1, 2:
[183] The Blackening Rocks – Melanor
OEB, Vol. V (1953), Nos. 3, 4:
enthält nur «Bibliography on Orgonomy»

CORE, Vol. VI (1954):
[184] OROP Desert, Part I: Space Ships, DOR and Drought

CORE, Vol. VII (1955):
[185] Expedition OROP Desert Ea – DOR Clouds over the USA
[186] Melanor, Orite, Brownite and Orene

OM, Vol. I (1955):
[187] The Energetics of Drives (Übersetzung von [9])
[188] The Sources of Neurotic Anxiety (Übersetzung von [16])
[189] The Source of Human «NO»; in [220]

OM, Vol. II (1956):
[190] Re-Emergence of Freuds «Death Instinct» as «DOR»
[191] The Role of Genitality in the Therapy of Neuroses (Übersetzung von [28])
[192] Atoms for Peace vs. the HIG

1.3.2 Bücher

[193] The Discovery of the Orgone, Vol. I: *The Function of the Orgasm*, New York 1942, XXXVII + 325 pp (keine Übersetzung von [20])
[194] *Character Analysis*, 2nd Edition, New York 1945, XXII + 328 pp (Übersetzung von [95] und [88])
[195] *The Sexual Revolution*, New York 1945, XXVII + 273 pp (Übersetzung einer revidierten Fassung von [98])
[196] *The Mass Psychology of Fascism*, 3rd Edition, New York 1946, XXIV + 344 pp (Übersetzung einer revidierten Fassung von [96], enthält als Erweiterung [111], [112], [113], [126])
[197] The Discovery of the Orgone, Vol. II: *The Cancer Biopathy*, New York 1948, XXI + 409 pp (enthält [103], [110], [117], [122], [125])
[198] Listen, Little Man!, New York 1948, 126 pp
[199] *Character Analysis*, 3rd Edition, New York 1949, XXVI + 516 pp (wie [194], um zwei Kapitel erweitert)
[200] *Ether, God, and Devil*, New York 1949, 127 pp (Sonderdruck von [133])
[201] *Cosmic Superimposition*, Rangeley 1951, 130 pp
[202] *The Orgone Energy Accumulator*, Rangeley 1951, 56 pp
[203] *The ORANUR Experiment – First Report*, Rangeley 1951, 160 pp (Sonderdruck von [171])

in der Reihe «History of the Discovery of the Life Energy»:
[204] The Emotional Plague of Mankind, Vol. I: The Murder of Christ, Rangeley 1953, XVI + 228 pp
[205] The Emotional Plague of Mankind, Vol. II: *People in Trouble*, Rangeley 1953, XX + 214 pp (deutsches Manuskript teilw. geschr. 1936–37)
[206] *The Einstein Affair*, Rangeley 1953, 96 pp
[207] *Conspiracy* – An Emotional Chain Reaction, Rangeley 1954, Documents Nos. 1 to 488 a
bei «Core Pilot Press» erschien:
[208] *Contact with Space* – ORANUR: Second Report (1951–56), New York 1957, XXIII + 265 pp
[209] «Legal Writing», Vols. I–V, Rangeley 1954–57, ca. 1500 pp

1.4 Neuauflagen in englischer Sprache (versch. Verlage u. Auflagen)

[210] The Bion Experiments
[211] The Cancer Biopathy
[212] Character Analysis
[213] Ether, God, and Devil + Cosmic Superimposition
[214] The Function of the Orgasm
[215] Early Writings, Vol. II, Genitality (Übersetzung einer revidierten Fassung von [20]
[216] The Invasion of Compulsory Sex-Morality (Übersetzung einer revidierten Fassung von [97])
[217] Listen, Little Man!
[218] The Mass Psychology of Fascism
[219] The Murder of Christ
[220] Reich Speaks of Freud
[221] The Sexual Revolution
[222] People in Trouble
[223] Early Writings, Vol. I
[224] Selected Writings
[225] Sex-Pol-Essays (ed. Lee Baxandall)

1.5 Neuauflagen in deutscher Sprache

[226] Die Funktion des Orgasmus, Amsterdam 1965 (Reprint von [20])
[227] Die Sexuelle Revolution, Frankfurt 1966 (rev. Fassung von [98])
[228] Charakteranalyse, Amsterdam 1969 (Reprint von [95])
[229] Die Funktion des Orgasmus, Köln 1969 (Originalfassung von [193])
[230] Charakteranalyse, Köln 1970 (entspricht [199])
[231] Massenpsychologie des Faschismus, Köln 1971 (entspricht [196])
[232] Der Einbruch der sexuellen Zwangsmoral, Köln 1972 (entspricht [216])
[233] Der Krebs, Köln 1974 (Originalfassung von [197])
[234] Ausgewählte Schriften, Köln 1976 (entspricht [224])
[235] Frühe Schriften I, Köln 1977 (Originalfassung von [223])
[236] Christusmord, Freiburg und Olten 1978 (Übersetzung von [204])
(als Fischer-Taschenbuch erschienen: [227], [229] bis [233]
[237] Frühe Schriften II, Kölön i. Vorb. (Originalfassung von [215])

2. Schriften über Reich oder dessen Werk
(Auswahl)

2.1 in deutscher Sprache

Elsworth F. Baker, Der Mensch in der Falle, München 1980
David Boadella, Wilhelm Reich, Bern/München 1981, 366 S.
Wilhelm Burian, Psychoanalyse und Marxismus, Frankfurt 1972, 148 S.
Helmut Dahmer, Libido und Gesellschaft, Frankfurt 1973, S. 372–418
Béla Grunberger/Janine Chasseguet-Smirgel, Freud oder Reich?, Frankfurt/Berlin/Wien 1979, 189 S.

Klaus-Michael Kodalle, Unbehagen an Jesus, Olten und Freiburg 1978, S. 52–91
Marxismus-Psychoanalyse-Sexpol, Bd. 1, hg. von Hans-Peter Gente, Frankfurt 1970, 315 S.
Juliet Mitchell, Psychoanalyse und Feminismus, Frankfurt 1976, S. 165–260
Ola Raknes, Wilhelm Reich und die Orgonomie, Frankfurt 1973, 151 S.
Ilse Ollendorff-Reich, Wilhelm Reich, München 1975, 215 S.
Peter Reich, Der Traumvater, München 1975, 285 S.
Charles Rycroft, Wilhelm Reich, München 1972, 119 S.
Psychoanalyse und Marxismus, hg. von Hans-Jörg Sandkühler, Frankfurt 1970, 315 S.
Aubrey Westlake, Medizinische Neuorientierung, Zürich 1963, S. 69–99

2.2 in englischer Sprache

(es sind nur Titel genannt, von denen keine deutsche Übersetzung vorliegt)
Orson Bean, Me and the Orgone, Greenwich/Conn. 1972, 160 pp
David Boadella (Editor), In the Wake of Reich, London 1976, 424 pp
Michel Cattier, The Life and Work of Wilhelm Reich, New York 1973, 224 pp
Eustace Chesser, Reich and Sexual Freedom, London 1972, 112 pp
Jerome Eden, Orgone Energy – The Answer to Atomic Suicide, New York 1972, 156 pp
Paul Edwards, Wilhelm Reich, in: Encyclopaedia of Philosophy, New York/London 1967
Jerome Greenfield, Wilhelm Reich versus the U.S.A., New York 1974, 380 pp
W. Edward Mann: Orgone, Reich and Eros; New York 1973, 382 pp
Chester M. Raphael, Wilhelm Reich: Misconstrued – Misesteemed, New York 1970, 109 pp
Paul Ritter (Editor), Wilhelm Reich Memorial Volume, Nottingham, England 1958, 79 pp
Colin Wilson, The Quest for Wilhelm Reich, Garden City 1981, 272 pp
James Wyckoff, Wilhelm Reich: Life Force Explorer, Greenwich/Conn. 1973, 144 pp

Über den Autor

Bernd A. Laska, geboren 1943 in Berlin; ab 1957 Lehre, sogenannter zweiter Bildungsweg und Studium an der Technischen Hochschule München; 1969 Diplom-Ingenieur. – Auslandsaufenthalt; verschiedene Tätigkeiten, u. a. Übersetzung von Schriften Reichs aus dem Englischen; seit 1975 Herausgeber der Wilhelm-Reich-Blätter; lebt in Nürnberg.

Quellennachweis der Abbildungen

La Revue Sexpol, 15. 12. 1977: 6, 12, 33, 34, 39, 45, 118
Ullstein Bilderdienst, Berlin: 8, 18, 16 links, 17 rechts, 62, 72 links, 87, 94
Eva Reich: 10, 11, 14, 20, 36, 51, 59, 69, 71, 108, 110, 122, 123, 125
Keystone, Hamburg: 13, 16 rechts, 17 links, 67, 72 rechts, 74, 109
Archiv Preußischer Kulturbesitz, Berlin: 57
Bernd A. Laska: 77, 101, 107, 124, 129, 121
Aus: Ellen Siersted, Wilhelm Reich i Danmark: 76, 80, 81
Aus: Theodor Brugsch, Arzt seit fünf Jahrzehnten: 89
Tony Obert: 97, 103 unten, 105, 112, 113, 120
Aus: Wilhelm Reich, The Orgone Energy Accumulator: 100, 106, 117
Aus: Luigi de Marchi Biografia di un'idea: 103 oben
Ilse Ollendorff-Reich: 111
Aus: Jerome Greenfield, Wilhelm Reich versus the U.S.A.: 115, 126

Namenregister

Die kursiv gesetzten Zahlen bezeichnen die Abbildungen

Jean-Paul Sartre

Der Idiot der Familie
Gustave Flaubert 1821-1857
I: Die Konstitution (dnb 78)
II: Die Personalisation I (dnb 89)
III: Die Personalisation II (dnb 90)
IV: Elbehnon oder Die letzte Spirale (dnb 114)
V: Objektive und subjektive Neurose (dnb 132)

Sartres Flaubert lesen
Essays zu «Der Idiot der Familie»
Hg. von Traugott König (dnb 116)

Sartre. Ein Film
Von Alexandre Astruc und Michel Contat. Unter Mitwirkung von Simone de Beauvoir, Jacques-Laurent Bost, André Gorz, Jean Pouillon. 12 Abbildungen (dnb 101)

Jean-Paul Sartre
in Selbstzeugnissen und Bilddokumenten dargestellt von Walter Biemel (rm 87)

Das Spiel ist aus
(Les Jeux sont faits) (rororo 59)

Die Fliegen. Die schmutzigen Hände
Dramen 1 (rororo 418)

Zeit der Reife
(rororo 454)

Der Aufschub
(rororo 503)

Der Pfahl im Fleische
(rororo 526)

Die Eingeschlossenen
(Les Séquestrés d'Altona) (rororo 551)

rororo
2050/2

P 2058/4–4a